中等职业教育国家级示范学校特色教材

2014年职业教育国家级教学成果奖候选项目教材

汽车营销与保险

主　编　熊秀芳

副主编　商　杰　章　晔

华中科技大学出版社
http://www.hustp.com
中国·武汉

图书在版编目(CIP)数据

汽车营销与保险/熊秀芳主编.—武汉:华中科技大学出版社,2014.7
中等职业教育国家级示范学校特色教材
ISBN 978-7-5680-0262-2

Ⅰ.①汽… Ⅱ.①熊… Ⅲ.①汽车-市场营销学-中等专业学校-教材 ②汽车保险-中国-中等专业学校-教材 Ⅳ.①F766 ②F842.63

中国版本图书馆 CIP 数据核字(2014)第 155119 号

汽车营销与保险

熊秀芳 主编

策划编辑:王红梅
责任编辑:余 涛
封面设计:三 禾
责任校对:何 欢
责任监印:周治超
出版发行:华中科技大学出版社(中国·武汉)
    武昌喻家山　邮编:430074　电话:(027)81321915
录　排:武汉楚海文化传播有限公司
印　刷:武汉鑫昶文化有限公司
开　本:787mm×1092mm　1/16
印　张:11.75
字　数:296 千字
版　次:2015 年 1 月第 1 版第 1 次印刷
定　价:26.80 元

本书若有印装质量问题,请向出版社营销中心调换
全国免费服务热线:400-6679-118　竭诚为您服务
版权所有　侵权必究

序

  2010年,教育部、人力资源和社会保障部、财政部三部委印发《关于实施国家中等职业教育改革发展示范学校建设计划的意见》(教职成〔2010〕9号),决定从2010年到2013年组织实施国家中等职业教育改革发展示范学校建设计划,形成1000所发挥引领、骨干、辐射作用的示范性中职学校,带动中等职业学校加快发展、提高质量、办出特色。

  武汉市第一轻工业学校经国家三部委遴选,成为国家中等职业教育改革发展示范建设学校,并于2012年6月正式启动建设工作。学校围绕改革办学模式、改革培养模式、改革教学模式、创新教育内容、加强教师队伍建设、完善内部管理、改革评价模式等七大任务,扎实开展职业教育理论研究,大胆探索实践,取得了一系列建设成果。

  武汉市第一轻工业学校汽车运用与维修专业有幸成为国家中等职业教育改革发展示范重点建设专业,通过与汽车行业企业进行多层次合作,构建、创新并实施了"校企合作、工学结合、双证融通"的人才培养模式;构建了基于工作过程的课程体系;探索基于准企业化管理环境下,以完成工作任务为目标,以企业管理与工作要求为考核标准,以"任务决策P→任务实施D→任务检查C→任务评估A"为主要流程的"PDCA"实践教学模式改革。学校在"校企合作、工学结合、双证融通"的人才培养模式和"PDCA"实践教学模式改革实践基础上,组织职教名师、骨干教师及长期工作在行业企业一线具有丰富经验的专家,共同编写了汽车运用与维修专业一套 12 本教材,比较全面地反映出汽车运用与维修专业多年来的建设成效。本套教材的开发,因其工学结合特色鲜明,被湖北省教育厅推荐为 2014 年职业教育国家级教学成果奖候选项目教材。

真诚希望这套教材能为其他中职学校提供参考和借鉴。

2014 年 5 月

前言

《汽车营销与保险》是"武汉市第一轻工业学校国家级示范校建设"项目成果教材，本着"以能力为本位，以就业为导向，坚持四个对接"的课程改革思路，按照项目教学方式编排课程体系。《汽车营销与保险》是汽车运用与维修专业汽车营销方向课程教材，主要内容包括客户接待礼仪运用、车辆介绍与销售、汽车投保方案选择、汽车维修接待等四个项目。

每个项目都是由"项目情境"引入，而后由若干个工作任务组成，每个工作任务都有"任务描述""任务目标""任务分析""任务实施""任务评价""相关知识"和"任务拓展"；每个项目完成之后还设计了"项目小结"和"综合测试"。

工作任务的设计以汽车营销典型工作任务为载体，兼顾汽车技术的先进性、通用性。

"任务实施"部分配有详细的图解式操作步骤，图文对照，力求符合中职学生的能力水平、认知特点和教学需要。

《汽车营销与保险》可作为中等职业学校汽车运用与维修专业教材，也可作为汽车运用与维修人员的阅读教材。

编 者
2014 年 9 月

目 录

项目一　客户接待礼仪运用 ……………………………………………………（1）

　　任务一　汽车营销人员职业素质分析…………………………………………（3）

　　任务二　礼仪接待……………………………………………………………（27）

项目二　车辆介绍与销售 …………………………………………………………（59）

　　任务一　车辆展示与介绍……………………………………………………（61）

　　任务二　汽车销售……………………………………………………………（81）

项目三　汽车投保方案选择 ………………………………………………………（99）

　　任务一　投保方案选择………………………………………………………（101）

　　任务二　车辆保险办理流程…………………………………………………（127）

项目四　汽车维修接待 ……………………………………………………………（143）

　　任务一　汽车维修接待人员职责与工作流程………………………………（145）

　　任务二　售后客户关系维护…………………………………………………（164）

项目一

客户接待礼仪运用

项目情景

图 1-0

乔·吉拉德(见图 1-0),因售出 13000 多辆汽车创造汽车销售最高纪录而被载入吉尼斯大全。他曾经连续 15 年成为世界上售出新汽车最多的人,其中 6 年平均每年售出汽车 1300 辆。销售是需要智慧和策略的事业。在每位营销人员的背后,都有自己独特的成功诀窍,那么乔·吉拉德的销售业绩如此辉煌,他的秘诀是什么呢?

汽车销售除了靠品牌的力量外,重要的是得有高素质的销售人员。在本项目中,通过对汽车销售客户接待礼仪的学习,能认识到汽车销售中接待礼仪的重要性。同时通过场景模拟体验,让学生掌握初步的客户接待礼仪并能学会运用。

工作任务

任务一　汽车营销人员职业素质分析
任务二　礼仪接待

任务一 汽车营销人员职业素质分析

 任务描述

不同的职业对从业人员的素质要求有所不同。汽车营销人员(见图1-1)的职业素质主要包括强烈的公关意识、高尚的职业道德、良好的心理素质、合理的知识结构、全面的工作能力。高素质的营销人员能给销售企业带来巨大的收益。

图 1-1

 **任务目标**

(1)理解汽车营销人员的职业规范。
(2)掌握汽车营销人员应具备的个人素质。

 **任务分析**

汽车营销人员具有较高的全方位的职业素质,是在营销中获胜的法宝。

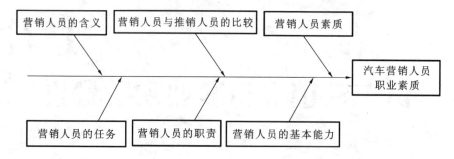

 **任务实施**

实施一　任务准备

(1)汽车商务中心实训室如图 1-2 所示。

图 1-2

(2)职业素质评估标准,如表 1-1 所示。

表 1-1　职业素质评估标准

项　目		说　明
外观形象	仪容仪表	(1)五官端正协调; (2)发型发色得当; (3)着装整洁、得体; (4)饰物得当; (5)表情自然舒适,有亲近感

续表

项 目		说 明
外观形象	言谈举止	(1)语言文明、语气诚恳； (2)语调适中、吐字清晰； (3)使用敬语、回应及时； (4)眼神柔和、站坐行走姿态协调、无小动作； (5)基本礼仪得当
能力品质	团队领导	(1)主动传达任务和目标，主动带动团队思考和执行，合理分工； (2)采用各种方式来提高团队士气，改进工作效率； (3)应用适当的说服影响方式，对员工做出正确的影响
	组织协调	(1)考虑周到，提前策划并获取资源； (2)乐于并善于组织活动，有一定创意，能够吸引和影响参与者； (3)面对冲突，积极应对，有一定的调解技巧
	计划执行	(1)考虑周到，提前策划并获取资源； (2)乐于并善于组织活动，有一定创意，能够吸引和影响参与者； (3)面对冲突，积极应对，有一定的调解技巧
	成本意识	(1)准确知道自己的成本目标和权限，有计划地合理控制预算； (2)主动积极寻找控制成本的方法； (3)考虑问题时能使用投入产出分析，控制成本，增加有效投入，促进利益最大化
	客户导向	(1)与客户建立良好的沟通关系，将客户满意度作为重要工作； (2)主动与客户沟通，了解客户状况并提供对客户有帮助的信息； (3)关注和了解客户的潜在需求并设法解决； (4)为客户寻找长期利益，采取具体措施为客户提供增值服务
	归纳与分析	(1)经常做总结，对经验和教训有明确的认识； (2)能够举一反三，找出事务的相似点和不同之处； (3)面对复杂的情况，能够找出关键之处
	信息收集	(1)知道需要什么信息，从哪里收集信息； (2)有信息收集的习惯； (3)对信息进行分类整理并加以使用
	学习能力	(1)善于总结、善于求教； (2)积极主动进行自学； (3)能够较快地理解和接受新知识和技能； (4)能将学习成果转化为工作质量和效率
	沟通能力	(1)愿意与人沟通； (2)能耐心倾听； (3)理解他人的观点； (4)清楚表达自己的观点； (5)能借助辅助手段和工具； (6)礼仪技巧得当
	自控能力	(1)抵制诱惑； (2)控制情绪； (3)能自我缓解

续表

项	目	说 明
能力品质	全局观念	(1)明确了解组织中的整体战略目标和本部门目标及个人目标,企业整体利益与局部利益、个人利益之间的关系; (2)理解企业的战略和长远目标,从组织的整体和长远利益出发考虑本部门的工作; (3)在组织要求局部利益或个人利益做出让步时,能够进行自我调整,以服从大局
	积极主动	(1)抵制诱惑; (2)控制情绪; (3)能自我缓解
	责任心	(1)明确工作职责和角色,认识到职责的意义; (2)积极主动工作,对职责范围内的工作进展情况及时进行核查,对发现的问题采取必要的行动,以保证工作按要求标准完成; (3)主动承担工作中的责任问题,并采取补救预防措施,防止类似的问题再次发生
	灵活性	(1)清楚地知道工作的原则和权限,在原则内合理地使用权限; (2)能判断情势、对象的变化,合理调整应对的方式和方法; (3)面对冲突和矛盾,能够迂回协调
	坚持不懈	明白自己做事的目标,积极进取,坚持学习,克服困难

实施二 任务实施

(1)学生分组,每小组 3~5 人。
(2)小组进行任务分析。
(3)对营销人员外表形象进行学习。
①仪容仪表。
男士(见图 1-3):前不覆额;侧不掩耳;后不及领;面不留须。
女士(见图 1-4):最好剪短发;头发长度不宜超过肩膀;头发过长需要挽束。

图 1-3

图 1-4

②服装打扮。

男士(见图1-5):西装领带。

当天气允许时,一定要穿西装打领带,这是一种职业气质的体现。天热时,也要穿短袖衬衣和西裤。常言道:人靠衣服马靠鞍。西装已经成为商业的职业装。有的销售员和客户商谈时,穿运动装、牛仔装、休闲装,这些都是不恰当的。

女士(见图1-6)服装打扮如下。

a.职业装。女性在谈业务时,最好也穿西装套裙,会显得落落大方。女性由于服装穿得不恰当,会造成许多麻烦。所以女性销售员,要想在商场上让别人尊重你,必须注意自己的穿着。不要穿超短裙、短裤,以及露肩装、露脐装。

图1-5

图1-6

b.高跟鞋。女性在职场最好穿高跟鞋,会显得更加职业。不能穿拖鞋,有的女性销售员,由于天热,就穿着拖式凉鞋拜访客户,这会影响到自己的形象。

c.长筒袜。女性就是在大热天,也应穿长筒袜,就像西装离不了领带,西装套裙也离不了长筒袜。

③站姿(见图1-7):"站如松"。

④笑容(见图1-8、图1-9):亲切的微笑。

图1-7

图1-8

图 1-9

(4) 小组内对所提供的典型销售案例进行阅读,分析总结案例反映了营销人员的哪些职业素质。

(5) 根据小组的讨论交流,推荐一组进行模拟销售,其他同学结合素质评估标准进行评价打分。

实施三　任务检测

(1) 以小组为单位进行销售模拟,根据职业素质评估单(见表 1-2)对同学的表现进行打分。

表 1-2　职业素质评估单

姓名:　　　　　　　　　　　岗位:

项　目		评　价				
		差	不足	一般	胜任	优秀
		较预期相差较大,感觉失望(1分)	较预期有所不足,勉强能够接受或可以调整(2分)	较预期有所不足,勉强能够接受或可以调整(3分)	表现与预期相符,不低于预期情况,偶尔有超出预期的表现(4分)	表现超出预期(5分)
外观形象	仪容仪表					
	言谈举止					
能力品质	团队领导					
	组织协调					
	计划执行					
	成本意识					
	客户导向					
	归纳与分析					

续表

项目		评 价				
		差	不足	一般	胜任	优秀
		较预期相差较大，感觉失望(1分)	较预期有所不足，勉强能够接受或可以调整(2分)	较预期有所不足，勉强能够接受或可以调整(3分)	表现与预期相符，不低于预期情况，偶尔有超出预期的表现(4分)	表现超出预期(5分)
能力品质	信息收集					
	学习能力					
	沟通能力					
	自控能力					
	全局观念					
	积极主动					
	责任心					
	灵活性					
	坚持不懈					
合计						
总计						
综合评价						
备注		(1)外观形象评价主要采取观察评价的方式； (2)能力品质评价主要采取观察及被测评者提供实例评价的方式				

任务评价

任务评价表

班级：　　　　　　　　组别：　　　　　　　　姓名：

项　目	评价内容 （请在对应条目的○内打"√"或"×"，不能确定的条目不填，可以在小组评价时让本组同学讨论并写出结论）		评价等级（学生自评）		
			A 全部为√	B 有一至三个×	C 有多于三个×
关键能力自评	○按时到场 ○工装齐备 ○书、本、笔齐全 ○不追逐打闹 ○接受任务分配 ○不干扰他人工作	学习期间不使用手机、不玩游戏○ 未经老师批准不中途离场○ 无违规操作○ 无早退○ 先擦净手再填写工作页○			
	○工作服保持干净 ○私人物品妥善保管 ○工作地面无脏污 ○工作台始终整洁 ○无浪费现象 ○参与了实际操作	无安全事故发生○ 使用后保持工具整齐干净○ 能及时纠正他人危险作业○ 废弃物主动放入相应回收箱○ 未损坏工具、量具及设备○			
	○课前有主动预习 ○与本组同学关系融洽 ○积极参与小组讨论 ○接受组长任务分配 ○能独立查阅资料 ○工装穿戴符合要求	本小组工作任务能按时完成○ 主动回答老师提问○ 能独立规范操作○ 能主动帮助其他同学○ 不戴饰物，发型合规○			
专业能力自评	○能按时完成工作任务 ○工量具选用准确 ○无不规范操作 ○完成学习任务不超时 ○学习资料携带齐备	能独立完成工作页○ 没有失手坠落物品○ 指出过他人的不规范操作○ 暂时无任务时不无所事事○ 工作质量合格无返工○			
小组评语及建议	他（她）做到了： 他（她）的不足： 给他（她）的建议：		组长签名： 　　年　　月　　日		
教师评价及建议			评价等级： 教师签名： 　　年　　月　　日		

相关知识

知识一 汽车营销人员概述

1. 汽车营销人员的含义

汽车营销人员(见图1-10)是指在汽车所属各个企业、组织或汽车市场营销管理活动中从事市场调查、市场预测、汽车市场开发、汽车市场投放策划、市场信息管理、价格管理、销售促进、公共关系等工作的专业管理人员。

2. 汽车营销人员的任务

汽车营销人员的任务就是为了更好地满足顾客需求,达到营销目标而开展一系列市场营销活动,如图1-11所示。其基本任务有两个:一是发现顾客的需求;二是实施一系列更好满足顾客需求的市场营销活动。

图1-10

图1-11

3. 汽车营销人员与推销人员的比较

在较长时期内,很多人都认为汽车营销人员(见图1-12)就是指汽车推销人员。其实汽车营销人员早已不是汽车推销人员的同义词了。汽车营销人员最主要的不只是开展推销活动,开展推销活动只是汽车营销人员的一个职能(并且常常不是最重要的职能)。汽车营销人员开展汽车市场营销活动的主要内容是识别目前未满足的顾客需求和欲望,估量和确定汽车需求量的大小,选择和决定汽车企业能最好地为之服务的目标市场,并决定适当的产品,以便为目标市场的顾客服务。

汽车营销人员与汽车推销人员的区别在于以下几方面。

1) 观念不同

汽车营销人员必须以市场营销观念作为指导,而汽车推销人员只是持有推销观念。

图 1-12

2) 中心不同

汽车营销人员是以满足顾客需求为中心,而汽车推销人员只是以卖方需求为中心。

3) 目的不同

汽车营销人员是从顾客需要出发,考虑如何通过市场营销活动,来满足顾客的需求;而汽车推销人员从卖方出发,考虑如何把汽车产品变为现金。

4) 任务不同

汽车营销人员的任务是实施一系列满足顾客需求的市场营销活动,而汽车推销人员的任务只是采用推销手段开展推销活动。

汽车营销人员与汽车推销人员有着本质的区别。汽车营销人员在汽车企业中从事汽车市场营销的专业管理工作(见图1-13),而汽车推销人员只是承担汽车市场营销过程中汽车产品推销的职能(见图1-14)。

图 1-13　　　　　　　　　　　　　　图 1-14

因此,汽车市场营销的工作性质决定了汽车营销人员应具备较高的管理素质和多种技能。随着市场经济的发展和汽车技术的进步,传统的汽车推销工作已不能适应汽车企业开展市场营销活动的需要,仅依靠汽车推销人员销售汽车产品的情况也会越来越少。

知识二　汽车营销人员的职业规范

1. 汽车营销人员的职责

汽车营销人员的职责是指作为汽车营销人员必需的工作和承担的相应责任。汽车营销人员是销售过程(见图1-15)中的主体,是联系企业与顾客的桥梁和纽带,他既要对企业负责,又要对顾客负责。因此,汽车营销人员的职责并非仅限于把企业的产品销售出去,而是承担着多方面的任务。每一次销售活动的具体任务是不同的,不同类型的销售工作也有不同的工作内容,但企业的汽车营销人员,都承担着一些相同的基本职责。明确汽车营销人员的职责范围,不仅是对汽车营销人员的具体要求,也是挑选、培养汽车营销人员的条件、目标和方向。

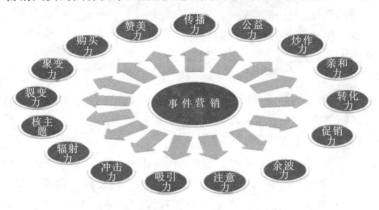

图 1-15

具体来说,汽车营销人员的职责包括以下几个方面。

1)收集信息

企业在市场竞争中能否取得有利的地位,在很大程度上取决于信息的获得程度。汽车营销人员是企业和市场之间、企业和顾客之间的桥梁与纽带,对获得信息具有十分有利的条件,易于获得需求动态、竞争状况以及顾客的意见等重要信息。及时地、持续不断地搜集这些信息并把这些反馈给企业,是汽车营销人员应承担的一项重要职责。这不仅可以为企业制定正确的营销策略提供可靠的依据,而且有助于汽车营销人员提高自己的业务能力。因此,企业要加强对汽车营销人员的教育,使他们自觉地当好企业的耳目,在走访顾客、销售商品、为顾客服务的同时,有意识地了解、收集市场信息(见图1-16)。同时,要建立必要的规章制度,要求汽车营销人员定期反馈信息,并对提供有效信息者给予物质或精神奖励,使信息反馈工作制度化、经常化。

客户信息收集流程图

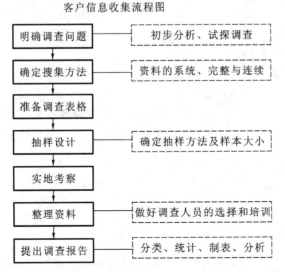

图 1-16

通常,企业要求汽车营销人员搜集、总结的信息主要包括以下内容:
(1)市场供求关系的现状及其变化趋势;
(2)消费者特征、消费结构方面的情况;
(3)顾客需求的现状及变化趋势;
(4)顾客对产品的具体意见和要求;
(5)顾客对企业销售政策、售后服务等的反映;
(6)同类产品的竞争状况。

2)沟通关系

汽车营销人员运用各种管理手段和人际交往(见图1-17)手段,建立、维持和发展与主要潜在顾客、老顾客之间的业务关系和人际关系,以便获得更多的销售机会,扩大企业产品的市场份额。这也是汽车营销人员的重要职责。

汽车营销人员将商品销售出去,不是工作的结束,还必须继续保持与顾客的联系。汽车营销人员应改变"买卖完成即分手"的做法,应与顾客建立长期、友好的联系。销售成交后,能否保持和是否重视与顾客的联系,是关系销售活动能否持续发展的关键。汽车营销人员不仅要巩固与顾客的关系,尽善尽美地提供售后服务,定期访问,节日问候,保持稳固的产销渠道,使老顾客在更新产品时继续采用本公司产品,而且还要千方百计地发展新的关系,吸收、说服潜在顾客购买本企业的产品,不断开拓新市场,扩大企业的市场范围(见图1-18)。

图 1-17

图 1-18

国外一些企业总结出一套沟通关系的有效步骤。
(1)确定主要客户的名单。
(2)确定每一位汽车营销人员的联系对象。
(3)规定沟通关系的具体目标及任务。
(4)销售管理人员定期检查评估。
(5)每个汽车营销人员根据计划目标开展沟通工作。

3)销售商品

汽车营销人员将企业生产出来的商品,从生产者手中转移到消费者手中(见图1-19),满足消费者的需要,为企业再生产创造条件。这是汽车营销人员最基本的职责,也是销售工作的核心环节。

图 1-19

销售商品是通过销售过程中的一系列活动来完成的。这些活动包括寻找潜在顾客、准备进行访问、介绍和示范产品、处理异议、确定价格及交货时间等成交条件、签订合同等。此外,还包括销售商品所必需的辅助性工作,如商务旅行、调查、案头工作、必要的交际等。

4) 提供服务

"一切以服务为宗旨"是现代销售活动的出发点和立足点。汽车营销人员不仅要为顾客提供满意的商品,更重要的是要为顾客提供各种周到和完善的服务。服务是产品功能的延伸,有服务的销售才能充分满足顾客的需要,而缺乏服务的产品只不过是半成品。未来企业的竞争日趋集中在非价格竞争上,非价格竞争的主要内容就是服务。在市场竞争日益激烈的情况下,服务往往成为能否完成销售的关键因素。

汽车营销人员所提供的服务包括售前、销售过程中及售后服务。售前的服务通常包括:帮助顾客确认需求和要解决的问题,为顾客提供尽可能多的选择,为顾客的购买决策提供必要的咨询等。售前的服务是进行销售的前提,也为成交奠定了基础。销售过程中的服务主要包括:为顾客提供买车咨询、融资贷款、保险、上牌、办理各种手续等方面的帮助。销售过程中的服务是销售成功的关键,因为这些能为顾客带来额外利益的服务项目常常成为决定成交的主要因素,尤其是在商品本身的特征和价格差别不大的情况下,顾客总是选择那些能提供额外服务的销售商。销售完成后的服务即售后服务,它主要包括:维修、保养、技术咨询、零配件的供应以及各种保证或许诺的兑现等。这些服务不仅能够消除顾客的抱怨,增强顾客的满足感,巩固与顾客的关系,为企业争取更多的客户,而且有利于树立良好的企业形象,增强企业的竞争力。

5) 树立形象

汽车营销人员通过销售过程中的个人行为(见图1-20),使顾客对企业产生信赖或好感,并促使这种信赖和好感向市场扩散,从而为企业赢得广泛的声誉,树立良好的形象。

汽车营销人员是连接企业与顾客的纽带,他要把企业的商品、服务及有关信息传递给顾客。汽车营销人员在进行销售时,完全代表着企业的行为。在顾客面前,汽车营销人员就是企业,顾客是通过汽车营销人员来了解、认识企业的。因此,能否为企业树立一个良好的形象,也就成为衡量汽车营销人员的重要标准之一。要树立良好的企业形象,汽车营销人员需要做一系列扎实的努力。首先,要销售自己,以真诚的态度与顾客接触,使顾客对汽车营销人员个人产生信赖和好感;其次,使顾客对整个买车交易过程满意;最后,使顾客对企业所提供的各种售后服务满意。此外,汽车营销人员还应尽量帮助顾客解决有关企业生产经营方面的问题,向顾客宣传企业,让顾客了解企业。

树立了良好的企业形象(见图1-21),也就树立了良好的商品形象,而良好的商品形象是销售活动顺利进行的物质基础。因此,企业形象直接影响顾客的购买行为,它不仅是完成本次购买的条件,也是影响今后购买乃至长期购买的前提。

图 1-20

图 1-21

2.汽车营销人员的素质

1)业务素质

(1)具有现代营销观念(见图 1-22)。

图 1-22

(2)具有丰富的专业知识。

汽车营销人员应掌握的专业知识是非常广泛的,专业知识的积累关系着素质、能力的提高。汽车营销人员所应具备的专业知识包括企业知识、产品知识、市场知识和用户知识等。

①企业知识如图 1-23 所示。

②汽车产品知识如图 1-24 所示。

③市场知识如图 1-25、图 1-26 所示。

图 1-23

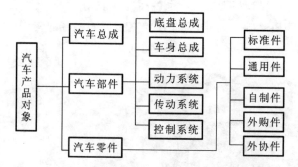

图 1-24

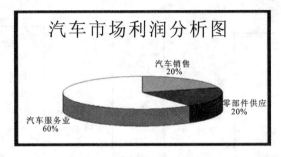

图 1-25

图 1-26

④用户知识。

此外,与专业知识相关的知识还有法律方面的知识、财会方面的知识、人际关系方面的知识、经济地理方面的知识、市场情报学方面的知识等。汽车营销人员为了出色地完成销售工作,必须具备丰富的专业知识并了解相关知识。汽车营销人员必须具有旺盛的求知欲,善于学习和积累完成销售工作所必备的知识。

(3)具有较扎实的销售基本功。

销售基本功是汽车营销人员胜任销售工作的基本前提,一般有以下几个方面。

①用职业的方式去开拓客户(见图 1-27)。

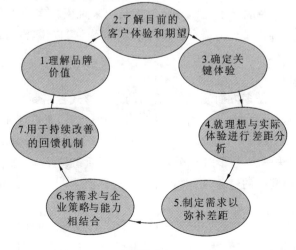

图 1-27

②用公关的方式去接触客户(见图1-28)。

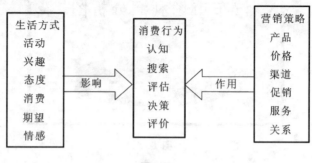

图1-28

③能准确地判断客户。

④有效地处理来自客户的障碍。

(4)具有熟练的销售技巧。

汽车营销人员必须站在顾客立场上,为顾客的利益(也为企业的利益)说服顾客购买自己所销售的产品,让顾客充分感受到购买的愉快,并确实因此而获益或感到满足。

销售技巧贯彻于整个销售活动的始终。汽车营销人员应熟练地掌握发掘顾客的各种方法;创造吸引顾客应具备的条件,取得顾客的信任;能有效地克服顾客购买时的心理障碍;善于交谈,能正确处理顾客在面谈中提出的各种异议;善于把握成交的合适时机;热心为顾客服务,为顾客排忧解难,并能及时恰当地处理顾客提出的各类申诉和抱怨,使顾客由不满意转为满意,最终抓住时机,确定成交。

2)个人素质

个人素质是指汽车营销人员自身应具有的条件和特点。汽车营销人员在销售商品的同时,也是在销售自己,因此,他必须具备良好的个人素质。一般来说,汽车营销人员所应具备的个人素质主要包括以下几个方面。

(1)良好的语言表达能力。

这是胜任销售工作的基本条件。语言表达能力是指汽车营销人员运用有声语言及行为语言准确传达信息的能力。语言艺术是汽车营销人员用来说服顾客的主要手段,每一次销售过程都要使用陈述、提问、倾听及行为语言等多种语言技巧。可以说,没有语言艺术,就不可能有成功的销售。

(2)勤奋好学的精神。

销售工作的业务内容是多方面的,销售活动的组织形式是不断变化的。一名优秀的汽车营销人员必须具有勤奋好学的精神,才能适应工作的要求,进而在事业上有长足的发展。首先,汽车营销人员要努力掌握必需的知识和技巧;其次,要善于思考,对于自己在销售实践中所遇到的问题,不仅要设法解决,还要加以分析和总结,不断积累经验,总结出销售工作的一般规律;最后,还应善于学习同行的经验,从中获得有益的启示。

(3)广泛的兴趣。

兴趣是人对客观事物的一种特殊的认识倾向。对于感兴趣的事物,人们会主动去接近、研究,以求得更深刻的认识。汽车营销人员一定要培养自己广泛的兴趣,这是因为,汽车营销人员要接触各种各样的顾客,并与他们建立联系,接近他们,说服他们,而共同的兴趣、爱好是缩短人际交往距离的重要因素。在生活中,人的某种兴趣的产生,往往具有自发的性质。但对一各职业汽车营销人员来说,必须有意识地培养自己广泛的兴趣,这是销售事业对汽车营销人员提出的必然要求。

(4)端庄的仪表。

汽车营销人员良好的外部形象和得体的表情姿态(见图1-29),不仅会给顾客留下良好的印象,有助于销售成功,而且也会有助于汽车营销人员自身的完善。所以汽车营销人员必须衣冠整洁,举止大方,一言一行都要表现出积极认真和奋发向上的精神面貌,努力塑造好自己的形象。但要注意的是,汽车营销人员一定要平易近人,不要矫揉造作。

图1-29

(5)健康的身体。

汽车营销人员应精力充沛,行动灵活,头脑清醒,能轻松地进行日常工作。销售工作是比较辛苦的,汽车营销人员为拜访客户,要东奔西走,商务谈判紧张艰巨,商务应酬往往占用很多休息时间,旅途中得不到很好的休息。销售工作兼具了体力劳动和脑力劳动之苦,没有健康的身体,汽车营销人员是不能完成销售工作任务的。

(6)良好的心理素质。

这主要表现为自信、自强和情绪稳定。只有具备这种良好心理素质的汽车营销人员,才能抱着坚定的信念,不怕困难挫折,一往无前地去从事销售工作。汽车营销人员的基本任务就是,说服顾客购买自己所销售的产品。在销售过程中,买卖双方存在着矛盾和冲突,同时,同一种产品有众多的竞争者,这使得销售工作并非轻而易举,汽车营销人员也常常会被顾客拒之门外。实际上,真正的销售工作大多是在遭到第一次拒绝后才开始的。如果没有良好的心理素质,汽车营销人员往往难以忍受挫折,无法胜任艰巨的销售工作。

汽车营销人员的个人素质是多方面的。除以上几个方面外,还包括良好的气质、完美的个性、真诚和丰富的情感、良好的沟通能力等。在具体的销售工作实践中,汽车营销人员应努力加强自身修养,培养和提高个人素质,力争做一个合格的汽车营销人员。

知识三 汽车营销人员的基本能力

汽车营销人员的能力是指汽车营销人员完成汽车市场营销任务所必备的实际工作能力。汽车营销人员要想取得成功,除了必须具备多方面的素质以外,还必须具备完成汽车市场营销工作的基本能力。

作为汽车营销人员应具备的能力主要有以下几个方面。

1.观察能力

汽车营销人员必须具备敏锐的观察能力(见图 1-30),这是汽车营销人员深入了解顾客心理活动和准确判断顾客特征的必要前提。没有敏锐的观察能力,就不可能使用有效的销售技巧。顾客为了从交易过程中获得尽可能多的利益,往往掩盖自己的某些真实意图。顾客的每一个行动背后,总有其特定的动机和目的;顾客在交易过程中也会或多或少地使用各种购买技巧。只有具备敏锐的观察能力,才能透过表象,看清问题的实质。汽车营销人员只有具备敏锐的观察能力,才能更好地了解销售环境,更多更好地寻找顾客,掌握购买者的行为特征,进而开展有效的销售活动。

图 1-30

2.记忆能力

记忆能力是指对经历过的事物能记住,并在需要时回忆起来的能力。汽车营销人员的工作繁杂,需要记住的东西很多,如顾客的姓名、职务、单位、电话、兴趣爱好;商品的性能、特点、价格、使用方法;对顾客的许诺、交易条件、洽谈时间、地点;交通工具、车船时刻等。如果汽车营销人员在客户面前表现出记忆不佳,客户会对他产生不信任感,这无疑会为销售工作设置障碍,影响工作效率。

记忆能力的好坏固然与天赋有很大关系,但更重要的是后天的训练。能否取得充分的记忆效果,很大程度上取决于记忆技巧和不断地自我训练。只要持之以恒、坚持不懈地训练,是能够提高记忆能力的。

3.思维能力

思维是人的理性认识活动,就是在表象、概念的基础上进行综合分析、判断、推理等认识活动过程,如图 1-31 所示。汽车营销人员应具有的思维品质包括:思维的全面性,能从不同角度看问题,即立体思维、多路思维;思维的深刻性,站得高,看得远,把问题的本质能看透;思维的批判性,不盲从,敢于坚持真理;思维的独立性,能独立思考,不受干扰,不依赖现成的答案;思维的敏捷性,反应快,遇事当机立断;思维的逻辑性,考虑问题条理清楚,层次分明。

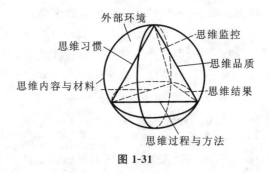

图 1-31

4.交往能力

交往能力是指人们为了某种目的而运用语言或者非语言方式相互交换信息,实行人际交往的能力。汽车营销人员在工作中要与各种各样的人打交道,有效的交往,会密切自己与顾客的关系,增加获得信息的渠道,提高销售效率。

交往能力不是天生的,是在销售实践中逐步培养的。要培养高超的交往能力,汽车营销人员必须努力拓宽自己的知识面,做到天文地理都懂得一点;同时,要掌握必要的社交礼仪、礼节常识,如日常交往时、聚会时的礼貌、礼节等;汽车营销人员还应敢于交往,主动与人交往,不要封闭自己,应利用各种机会提高自己的社交能力。

5. 劝说能力

劝说是销售工作的核心。汽车营销人员应有良好的劝说能力,劝说能力的强弱是衡量汽车营销人员水平高低的一个重要标准。汽车营销人员要说服顾客,不仅需要有较好的说话艺术,更重要的是要掌握正确的原则。其中最重要的原则就是"抓住顾客的切身利益,展开劝说工作"。也就是说,在销售商品的过程中,要重视对顾客切身利益的考虑,而不要把说服的重点放在夸耀自己的产品上。只有这样,顾客才会对所销售的产品产生兴趣,销售才会有成效。

6. 演示能力

在销售过程中,汽车营销人员要使顾客对所销售的产品感兴趣,就必须使他们清楚地认识到购买这种产品以后,会得到什么好处。因此,汽车营销人员不仅要在洽谈中向顾客介绍产品的具体优点,同时,还必须向顾客证明产品确实具有这些优点。产品演示是向顾客证明产品优点的极好方法。熟练地演示所销售的产品,能够吸引顾客的注意力,使他们对产品直接产生兴趣,这是一种"活广告"。如果可能,应尽一切努力做好演示工作。如果所销售的产品是不能随身携带的,汽车营销人员可以借助宣传材料、目录或其他工具,向顾客宣传介绍所销售的产品。越来越多的产品信息,无法用语言准确地传递,而必须借助产品演示,如果要用语言准确地表述,专业性太强,汽车营销人员不一定能说清楚,顾客也难以理解,产品演示会使这个介绍过程既准确又明了。产品演示是一项专业销售技术,要求汽车营销人员必须掌握要点,形成自己独特的技巧。

7. 核算能力

利用科学的方法和手段对销售工作绩效及销售计划执行情况进行必要的核算评估(见图1-32),是销售技术的重要组成部分。汽车营销人员必须有良好的核算能力,这是汽车营销人员提高工作效率的重要手段。通过核算,分析销售工作及业务的效果,并从中探索规律,总结经验教训,为进一步改进和制定新的销售计划,作出科学决策。销售核算的内容很多,主要包括成本核算、利润核算及劳务核算等。

此外,销售工作还可以通过其他多种数量标准进行评估,如每日拜访次数、订车量、成交量、销售与拜访次数比、毛利、巡回时间等,这些数量标准都可以定量表示,很容易进行比较。

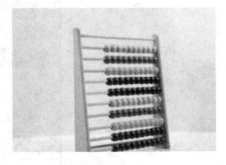

图 1-32

8.应变能力

应变能力是指在遇到意想不到的情况时,能使自己在不利的形势下扭转局势,或在遇到突发事件时能处乱不惊,以自己的果断和果敢挽救可能出现或已出现的失误。这要求汽车营销人员具有灵活的头脑,能冷静、果断地处理问题。在销售活动中,销售方法必须随顾客的改变而改变,没有一种方法对任何顾客都是绝对有效的。销售的商品也不是一成不变的,企业的发展必然使经营范围不断扩大,需求的变化也导致产品的更新换代,销售应该不断适应这些变化。每次销售活动总是受各种因素的影响,如顾客态度和要求的变化,竞争者的加入,企业销售政策的更改,对方谈判人员及方式的更换等,这些变化往往会使销售进程出现意想不到的曲折,销售人员对此必须采取灵活的应变措施,才能确保达到预定的目标。

 任务拓展

【案例1:金牌汽车营销人员——乔·吉拉德】

乔·吉拉德,因售出13000多辆汽车创造了汽车销售最高纪录而被载入吉尼斯大全。他曾经连续15年成为世界上售出新汽车最多的人,其中6年中每年平均售出汽车1300辆。销售是需要智慧和策略的事业。在每位营销人员的背后,都有自己独特的成功诀窍,那么,乔·吉拉德的销售业绩如此辉煌,他的秘诀是什么呢?

(1)250定律(见图1-33):不得罪一个顾客。

在乔·吉拉德的销售生涯中,他每天都将250定律牢记在心,抱定生意至上的态度,时刻

图1-33

控制着自己的情绪,不因顾客的刁难,或是不喜欢对方,或是自己心绪不佳等原因而怠慢顾客。乔·吉拉德说得好:"你只要赶走一个顾客,就等于赶走了潜在的250个顾客。"

(2)名片满天飞(见图1-34):向每一个人销售。

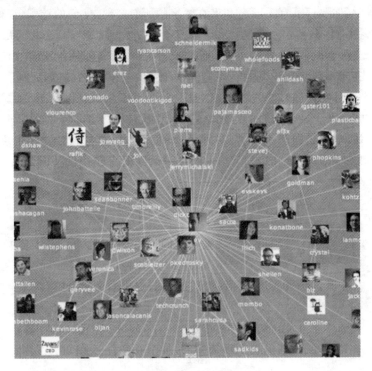

图 1-34

每一个人都使用名片,但乔·吉拉德的做法与众不同:他到处递送名片,在餐馆就餐付账时,他要把名片夹在账单中;在运动场上,他把名片大把大把地抛向空中。名片漫天飞舞,就像雪花一样,飘散在运动场的每一个角落。你可能对这种做法感到奇怪,但乔·吉拉德认为,这种做法帮他做成了一笔笔生意。乔·吉拉德认为,每一位营销人员都应设法让更多的人知道他是干什么的,销售的是什么商品。这样,当他们需要他的商品时,就会想到他。乔·吉拉德抛散名片是一件非同寻常的事,人们不会忘记这种事。当人们买汽车时,自然会想起那个抛散名片的营销人员,想起名片上的名字:乔·吉拉德。同时,要点还在于,有人就有顾客,如果你让他们知道你在哪里,你卖的是什么,你就有可能得到更多生意的机会。

(3)建立顾客档案:更多地了解顾客。

乔·吉拉德说:"不论你销售的是何种商品,最有效的办法就是让顾客相信——真心相信——你喜欢他,关心他。"如果顾客对你抱有好感,你成交的希望就增加了。要使顾客相信你喜欢他、关心他,那你就必须了解顾客,搜集顾客的各种有关资料。

乔·吉拉德中肯地指出:"如果你想要把东西卖给某人,你就应该尽自己的力量去搜集他与你生意有关的情报……而不论你销售的是什么东西。如果你每天肯花一点时间来了解自己的顾客,做好准备,铺平道路,那么,你就不愁没有自己的顾客。"

刚开始工作时,乔·吉拉德把搜集到的顾客资料写在纸上,塞进抽屉里。后来,有几次因为缺乏整理而忘记追踪某一位准顾客,他开始意识到自己动手建立顾客档案的重要性。他去文具店买了日记本和一个小小的卡片档案夹,把原来写在纸片上的资料全部做成记录,建立起了他的顾客档案。

乔·吉拉德认为,营销人员应该像一台机器,具有录音机和电脑的功能,在和顾客交往过程中,将顾客所说的有用情况都记录下来,从中把握一些有用的材料。乔·吉拉德说:"在建立自己的卡片档案时,你要记下有关顾客和潜在顾客的所有资料,他们的孩子、喜好、学历、职务、成就、旅行过的地方、年龄、文化背景及其他任何与他们有关的事情,这些都是有用的销售情报。所有这些资料都可以帮助你接近顾客,使你能够有效地跟顾客讨论问题,谈论他们感兴趣的话题,有了这些材料,你就会知道他们喜欢什么,不喜欢什么,你可以让他们高谈阔论,兴高采烈,手舞足蹈……只要你有办法使顾客心情舒畅,他们就不会让你大失所望。"

(4)猎犬计划(见图1-35):让顾客帮助你寻找顾客。

乔·吉拉德认为,干销售这一行,需要别人的帮助。乔·吉拉德的很多生意都是由"猎犬"(那些会让别人到他那里买东西的顾客)帮助的结果。乔·吉拉德的一句名言就是"买过我汽车的顾客都会帮我销售"。

图 1-35

在生意成交之后,乔·吉拉德总是把一叠名片和猎犬计划的说明书交给顾客。说明书告诉顾客,如果他介绍别人来买车,成交之后,每辆车他会得到25美元的酬劳。几天之后,乔·吉拉德会寄给顾客感谢卡和一叠名片,以后至少每年他会收到乔·吉拉德的一封附有猎犬计划的信件,提醒他乔·吉拉德的承诺仍然有效。如果乔·吉拉德发现顾客是一位领导人物,其他人会听他的话,那么,乔·吉拉德会更加努力促成交易并设法让其成为猎犬。

实施猎犬计划的关键是守信用——一定要付给顾客25美元。乔的原则是:宁可错付50个人,也不要漏掉一个该付的人。

猎犬计划使乔·吉拉德的收益很大。1976年,猎犬计划为乔·吉拉德带来了150笔生意,约占总交易额的三分之一。乔·吉拉德付出了1 400美元的猎犬费用,收获了75 000美元的佣金。

(5)销售产品的味道:让产品吸引顾客。

每一种产品都有自己的味道,乔·吉拉德特别善于销售产品的味道。与"请勿触摸"的做法不同,乔·吉拉德在和顾客接触时总是想方设法让顾客先"闻一闻"新车的味道。他让顾客坐进驾驶室,握住方向盘,自己触摸操作一番。如果顾客住在附近,乔还会建议他把车开回家,让他在自己的太太、孩子和领导面前炫耀一番,顾客会很快地被新车的"味道"陶醉了。根据乔·吉拉德本人的经验,凡是坐进驾驶室把车开上一段距离的顾客,没有不买他的车的。即使当时不买,不久后也会来买。新车的"味道"已深深地烙印在他们的脑海中,使他们难以忘怀。乔·吉拉德认为,人们都喜欢自己来尝试、接触、操作,人们都有好奇心。不论你销售的是什么,都要想方设法展示你的商品,而且要记住,让顾客亲身参与,如果你能吸引住他们的感官,那么你就能掌握住他们的感情了。

(6)诚实:销售的最佳策略。

诚实,是销售的最佳策略,而且是唯一的策略。但绝对的诚实却是愚蠢的。销售容许谎言,这就是销售中的"善意谎言"原则,乔·吉拉德对此认识深刻。诚为上策,这是你所能遵循的最佳策略。可是策略并非是法律或规定,它只是你在工作中用来追求最大利益的工具。因此,诚实就有一个程度的问题。销售过程中有时需要说实话,一是一,二是二。说实话往往对营销人员有好处,尤其是营销人员所说的,顾客事后可以查证的事。乔·吉拉德说:"任何一个头脑清醒的人都不会卖给顾客一辆六气缸的车,而告诉对方他买的车有八个气缸。顾客只要一掀开车盖,数数配电线,你就死定了。"

如果顾客和他的太太、儿子一起来看车,乔·吉拉德会对顾客说:"你这个小孩真可爱。"这个小孩也可能是有史以来最难看的小孩,但是如果你要想赚到钱,就绝对不可这么说。乔·吉拉德善于把握诚实与奉承的关系。尽管顾客知道乔所说的不尽是真话,但他们还是喜欢听人拍马屁。少许几句赞美,可以使气氛变得更愉快,没有敌意,销售也就更容易成交。

有时,乔·吉拉德甚至还撒一点小谎。乔·吉拉德看到过营销人员因为告诉顾客实话,不肯撒个小谎,平白失去了生意。顾客问营销人员他的旧车可以折合多少钱,有的营销人员粗鲁地说:"这种破车……"乔·吉拉德绝不会这样,他会撒个小谎,告诉顾客,一辆车能开上12万公里,他的驾驶技术的确高人一等。这些话使顾客开心,赢得了顾客的好感。

(7)每月一卡:真正的销售始于售后。

乔·吉拉德有一句名言:"我相信销售活动真正的开始在成交之后,而不是之前。"销售是一个连续的过程,成交既是本次销售活动的结束,又是下次销售活动的开始。营销人员在成交之后继续关心顾客,将会既赢得老顾客,又能吸引新顾客,使生意越做越大,客户越来越多。

"成交之后仍要继续销售",这种观念使得乔·吉拉德把成交看作是销售的开始。乔·吉拉德在和自己的顾客成交之后,并不是把他们置于脑后,而是继续关心他们,并恰当地表示出来。

乔·吉拉德每月要给他的1万多名顾客寄去一张贺卡。一月份祝贺新年,二月份纪念华盛顿诞辰日,三月份祝贺圣帕特里克日……凡是在乔·吉拉德那里买了汽车的人,都收到过他的贺卡,也就记住了乔·吉拉德。

正因为乔·吉拉德没有忘记自己的顾客,顾客才不会忘记乔·吉拉德。

【案例2:多彩多姿的文化营销】

一汽大众(见图1-36)与"211工程"

提起"211工程",这是一个文化教育界无人不知无人不晓的名称,即面向21世纪精选100所高校进行重点建设的工程,它已经作为国家重点建设项目列入国民经济和社会发展中长期规划和第九个五年计划。那么一汽大众与"211工程"又有什么关系呢?一汽大众在教育领域的"211工程"上会打出怎样的营销牌呢?

事情的原委是这样的:一汽大众公司于2003年10月18日在清华大学组织了"211校园汽车文化展",以清华大学为始点,开始了全国范围的校企全面合作,之后在全国"211工程"所属高校陆续全面铺开。由一汽大众精心选择的100家经销商代表一汽大众负责同"211工程"重点院校进行一对一的日常联系。"211校园汽车文化展"内容主要包括:开办各种各样的专题讲座,如企业人才战略、企业文化、汽车文化、汽车技术等;举行一汽大众轿车试驾体验活动;

图 1-36

国内外最新的汽车技术和最新发展动态等内容的展览；一汽大众产品展示等。

一汽大众公司在对高校提供安全驾驶技术方面的培训和讲座时，邀请的都是具有丰富实践经验的驾驶员，他们边教边示范，使师生们受益匪浅。一汽大众公司还和各大学进一步地开展互助，大学的师生如购买一汽大众的产品，可在保险、维修、售后服务等方面享受特定的服务。一汽大众公司有关负责人表示，一汽大众将成为"211工程"所属院校的社会实践基地，将不断加强与这些高校的携手互助，通过努力，把中国的汽车文化不断提升到一个新的高度，以此来推动中国汽车工业不断健康、快速、可持续地向前发展。

一汽大众推出的"211校园汽车文化展"的互动活动，是学校和企业双方受益的活动。对于高校来讲，该活动使得广大师生加深了对汽车生产制造企业的了解和认识，也加深了对中国整个汽车市场的认识与了解，同时为广大学子提供了难得的实践机会，使他们不出校门就可以获知汽车的相关知识，就能了解认识中国汽车生产制造企业的发展与进步。而对于一汽大众公司而言，这样的文化营销，有着现实和深远的意义。

首先，通过这种活动，一汽大众可以加深高校对企业的认识与了解，获得高校在人才与智力等方面的支持，对于企业的人才引进和技术的提升都将大有益处，为企业的后续发展提供源源不断的强大动力。

其次，"211校园汽车文化展"本身就是一次大型的、引起各家媒体关注的广而告之活动。在活动的过程中，一汽大众公司进行了图文并茂的企业管理、企业技术和产品的展示，取得了可喜的效果，对宣传本企业及其产品起到了重要作用。同时在活动过程中如购买一汽大众的产品，可在保险、维修、售后服务等方面享受特定的服务。这一具体促销措施，使得汽车的销量立竿见影。

再者，一汽大众选择高校进行营销推广，有着深远的影响。因为"211工程"所属院校均为我国重点和有一定名气的大学，这些院校的毕业生走向工作岗位后虽然从事不同职业，但绝大多数会相对收入颇丰，成为汽车消费的主力军。所以一汽大众的"211校园汽车文化展"可以说是为自己培养潜在顾客。

最后，一汽大众选择清华大学为"211校园汽车文化展"的发端，有着特别的意义。一汽大众汽车有限公司是最早在国内倡导"技术领先"汽车文化的企业，并在国内率先打破了高档汽车垄断高新技术的传统观念，掀开了中高档轿车应用高新技术的崭新一页。而有着"五四精神"的清华大学为我国汽车工业培养造就了大批的优秀人才，对中国汽车工业的振兴起着举足轻重的作用，同时可以说是全国高校的龙头。一汽大众和清华大学可谓强强联手，通过清华大学的美名树立自身在我国轿车业领头羊的地位。

任务二

礼仪接待

 任务描述

有一位顾客打电话告知要来4S店看车,你接电话做好了电话记录。当顾客到来时迎接顾客,并负责全程接待顾客;你在展厅热情接待顾客,并作自我介绍;将顾客引至洽谈室,并为顾客送上茶饮;顾客离开时,送别顾客(见图1-37)。

图 1-37

 任务目标

(1)强化优质服务意识,认识专业、规范服务的重要性。
(2)掌握现代汽车销售与服务礼仪,改善仪态举止。
(3)提高沟通技巧和服务技能。
(4)塑造良好的个人职业形象和单位的企业形象。

 **任务分析**

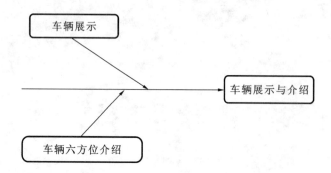

 **任务实施**

实施一　任务准备

（1）完成来电/店登记表（见图1-38）的填写。

展厅来电/店登记表												
咨询类型	日期	姓名	性别	电话	地址	进一离时间	拟购车型	来电信息来源	意向级别及购买周期	接待经过	结案情形	接待人	备注
□来电 □来店												
□来电 □来店												
□来电 □来店												
□来电 □来店												
□来电 □来店												
前台客户接待：				客服经理：					展厅经理：			

图1-38

(2)场地:汽车商务中心实训室(见图1-39)。

图 1-39

(3)车辆:丰田卡罗拉、威驰车辆各一台(见图1-40)。

图 1-40

(4)其他设备:洽谈桌椅一套,扩音器两台。

实施二　任务实施:(案例模拟)

1.一位教师欲购买一台威驰车

1)场面设定

状况	打电话预约来店(首次来店)
时间	星期二下午6点左右
地点	经销店展厅
来店方法	乘出租车前来
来店者	一位30岁左右的男顾客

2)顾客背景信息及对其要求

核实信息			详细信息
相关信息	顾客信息	①姓名、年龄、驾龄	王先生28岁,未婚,刚领驾照
		②职业	大学教师
		③兴趣	打球、会友
	来店时心情		准备于近期之内选购一款新车,但还没有确定选购的车型。下班回家的路上,顺便来经销店看看
顾客的想法	关于新车	①购车经验	新购车,主要是想选购一款车
		②主要使用者用途	主要是上下班代步使用
		③顾客本人对新车的期待	・王先生注重车辆的使用性能、灵活性 ・综合性价比
		④购车预算	9万元左右
		⑤其他关注点	・期待车辆的配置先进
	关于竞争车型	①最近看过的车型	本田的飞度
		②顾客认可飞度	・外观小巧灵活 ・车辆性能优良
顾客表现			顾客进入经销店后,表现出尚未确定具体选购车型,同时对威驰、卡罗拉表现出一定程度的关心
对顾客要求			・顾客应严格按照脚本推进,对于所要求提问的问题,一定要进行提问 ・回答销售人员的问题时,请严格按照顾客背景信息进行回答(对于销售人员提问以外的内容不进行赘述) ・请进行事前练习,以能够熟练对应 ・对于与顾客背景信息中无关的提问,应尽早结束谈话 ・对于销售顾问的过于生硬的提问,可以选择不完全回答或拒绝回答

3)销售人员的任务要求

(1)电话响起接通电话,记录顾客预约信息,做好展厅迎接的准备。

(2)从顾客来店,到门口迎接开始,到顾客离开,送顾客出门结束。销售人员严格规范接待动作和接待礼仪,积极主动地应对顾客,从顾客满意到顾客感动。

(3)接待来店顾客,力求给顾客留下良好印象,建立顾客的信心,为销售服务奠定基础。

(4)通过与顾客的商谈,把握顾客信息,进行商品说明及竞争车型优势对比。

(5)对于顾客的提问,进行清晰明了的回答,打消顾客疑虑,为引导顾客需求做好准备。

(6)根据顾客的需求,给顾客合适的建议。

(7)通过良好的沟通,争取顾客能再次来店。

4）销售流程中的要求

核实信息		相关要求
顾客应对	①个人仪容仪表及亲和力	装容整洁 精力充沛、精神饱满的良好第一印象
	②主动邀请顾客进入车内体验	主动邀请顾客进入展车内 姿势正确，为顾客开启车门、保护头部
	③主动引导顾客到商谈桌	主动引导顾客到商谈桌入座 姿势正确，为顾客指示席位、拉扶座椅
	④礼仪	
	・寒暄	顾客进入时，主动向顾客打招呼 声音洪亮、充满朝气
	・递交名片、自我介绍	第一时间向顾客递交名片 递交名片时姿势正确 同时进行自我介绍、自报姓名
	・提供饮料	顾客入座后及时提供饮料 询问顾客所需的饮料种类
	・递交资料	资料正面面向顾客，双手递送
	・手势、肢体动作正确	坐姿、走姿正确 不用单指指点
	⑤是否使顾客没有压力	在顾客刚刚进入展厅时，不紧跟其后，使其能自由参观，不直接进入商品推销，使顾客精神上放松
	⑥约定顾客的下次来店	主动约定顾客的下次来店 方式委婉，易于被顾客接受
	⑦赢得顾客的信赖	激发顾客对于经销店以及销售顾问的信任感
需求分析	①顾客个人信息获取	采用顾客可接受的方式获取顾客姓名、电话、兴趣、职业、家族构成等信息
	②主要使用者信息	采用顾客可接受的方式获取使用人、主要用途、使用习惯等信息
	③对新车的关注点	采用顾客可接受的方式获取顾客对新购车型要求、关注点等信息
关于商品	①销售顾问的自主商品推介	根据顾客需求、关注点 重点突出、有说服力
	②竞车比较	根据顾客需求、关注点进行竞争车对比 以客户容易理解的方式进行竞车说明 竞车说明体现出能够给客户带来的好处
	③解决顾客疑虑	采用顾客可接受的方式，合理、有说服力
销售人员对应要求	充分倾听顾客感受；表现专业、热情、信赖，具有亲和力	

5)案例模拟

(1)新顾客进店(握手礼仪见图1-41)。

营销人员×××站在门旁,王老师走向大门。营销人员×××快步迎上(走姿),并为王老师打开大门(注意开门的要领,先将店门打开,请顾客进入店内。如果经销店不是自动门,则用左手向展厅外方向拉开店门,请顾客先进入展厅,并鞠躬示意)。"您好!"(握手礼仪),"欢迎光临!"

图 1-41

(2)传递名片(见图1-42)(名片的使用)并向顾客介绍自己(自我介绍礼仪)。

营销人员×××掏出名片给王老师,"您好,我是这里的营销顾问×××,您就叫我小×好了。这是我的名片,请问先生如何称呼?"

王老师自报家门。营销人员×××问:"请问王先生可否赐我一张名片呢?"王老师递出名片后,销售人员×××阅读他的名片,"是王××先生吗?请问有什么可以帮到您吗?"

图 1-42

(3)引导顾客进展厅(见图1-43)(引导顾客的礼仪)。

王老师:"我想看看你们的车。"营销人员×××引导王老师进入展厅时,走在王老师的斜前方,与王老师保持一致的步调,并用手势引导王老师到车辆展示场地。"王先生请随意参观,有事情可随时招呼我。"

图 1-43

(4)引导顾客参观展车(引导顾客上下车的礼仪)。

王老师对展场里的各种车型随便看了看,对威驰、卡罗拉表现出一定程度的关心,最后停在威驰车前并向营销人员×××招手。

营销人员×××走向王老师。王老师:"这是威驰车吧,看外形挺灵活的。我能进去看看吗?"营销人员×××:"没问题,您请到车上感受一下,这样您更能体会我们丰田汽车的特点。"随即为王老师打开车门(开车门礼仪)。

王老师坐进驾驶座后,营销人员×××蹲在车门旁(蹲姿)。营销人员×××:"请问王先生位置坐得舒服吗?需要调整座位吗?感觉好吗?"

王老师:"感觉还可以,操控不算复杂。车辆的性能可以吧,现在购车有优惠吗?"

营销人员×××:"王先生,要不我们到桌子上谈谈,我给点资料您看看好吗?"

王老师:"好啊。"然后下车。营销人员×××注意保护,并引导王老师到洽谈桌洽谈(见图1-44)。

图 1-44

(5)请顾客就座(送茶点的礼仪(见图1-45))。

营销人员×××引导王老师就座,"王先生,我去给您准备免费的饮料。我们这里有××、××、××……您想喝点什么呢?","要××对吗?好的,请稍等"。"让您久等了。这是您要的××,请慢用。"(送茶点的礼仪)

营销人员×××:"王先生,我可以坐您旁边吗?这样可方便为您介绍。"(坐姿礼仪)

图 1-45

(6) 与顾客寒暄(递送资料的礼仪)。

营销人员×××与王老师寒暄,递送丰田威驰的相关资料,并谈论王老师所关心的丰田威驰的情况。

营销人员×××:"王先生看来对威驰车挺有兴趣的,以前有买过车吗?是用来上下班代步的吗?"

王老师:"我是第一次买车,刚拿驾照两个月,技术还不熟练,所以想买一辆小巧一点的车,停车灵活一点,反正就上下班用。"

营销人员×××:"王先生上班远吗?一般会用车去什么地方?"

王老师:"我上班不远,就在五山的××学院,开车就十多分钟的路,平常有空的话会约朋友打打球。"

营销人员×××:"哦,原来王先生是老师,失敬失敬。王老师,请问您买车的预算是多少呢?"

王老师:"我是新手不打算买太贵的车,买9万元左右的车就行了,够用就好。"

营销人员×××:"王老师,我简单总结一下。可以吗?……您现在要买一辆灵活一点的车,价格大约9万元,主要用于上下班代步,有时会约朋友打球,您看是不是这样?"

王老师:"是的。"

营销人员×××:"我觉得您刚才看的威驰车挺适合您的。"

王老师:"还可以,但威驰的价格好像比较高。我前两天也去看了本田的飞度车,飞度的价格便宜点。"

营销人员×××:"王老师,请允许我花2、3分钟时间就您关心的内容给您做个介绍,您看可以吗?"

营销人员×××递送丰田威驰的相关资料(递送资料的礼仪)。"王老师,这是丰田威驰车的资料,请您过目。"

营销人员×××:"购买汽车,主要是综合比较汽车的价值而非简单比较汽车的价格。综合来看,丰田汽车是性价比最高的汽车。它的故障率低,使用成本较低、残值高,售后服务是同行业中最好的,所以综合比较,丰田汽车不仅物有所值,甚至是物超所值的。"

王老师:"你说得有道理,要看性价比,不能单看购车成本,还要看使用成本。这样吧,我把资料带回去看看,迟点再来找你。"

(7) 送顾客出店(见图1-46)。

营销人员×××:"谢谢王老师光临我店,有需要可随时联系我,我恭候着您的再次光临。

谢谢!"(行注目礼的礼仪)

图 1-46 欢送顾客出店

实施三 任务检测

(1)根据现场模拟案例完成展厅来电/店登记表(见图 1-47)的填写。

咨询类型	日期	姓名	性别	电话	地址	进—离时间	拟购车型	来电信息来源	意向级别及购买周期	接待经过	结案情形	接待人	备注
□来电 □来店													
□来电 □来店													
□来电 □来店													
□来电 □来店													
□来电 □来店													
前台客户接待:				客服经理:					展厅经理:				

图 1-47

(2)完成本任务后,请进行自我测试(见图 1-48):在平时与他人的交往中,您是否注意自己的礼仪? 觉得在哪些方面可以提高?

图 1-48

 任务评价

任务评价表

班级：　　　　　　　　组别：　　　　　　　　姓名：

项　目	评价内容 （请在对应条目的○内打"√"或"×"，不能确定的条目不填，可以在小组评价时让本组同学讨论并写出结论）		评价等级（学生自评）		
			A 全部为√	B 有一至三个×	C 有多于三个×
关键能力自评	○按时到场 ○工装齐备 ○书、本、笔齐全 ○不追逐打闹 ○接受任务分配 ○不干扰他人工作	学习期间不使用手机、不玩游戏○ 未经老师批准不中途离场○ 无违规操作○ 无早退○ 先擦净手再填写工作页○			
	○工作服保持干净 ○私人物品妥善保管 ○工作地面无脏污 ○工作台始终整洁 ○无浪费现象 ○参与了实际操作	无安全事故发生○ 使用后保持工具整齐干净○ 能及时纠正他人危险作业○ 废弃物主动放入相应回收箱○ 未损坏工具、量具及设备○			
	○课前有主动预习 ○与本组同学关系融洽 ○积极参与小组讨论 ○接受组长任务分配 ○能独立查阅资料 ○工装穿戴符合要求	本小组工作任务能按时完成○ 主动回答老师提问○ 能独立规范操作○ 能主动帮助其他同学○ 不戴饰物，发型合规○			
专业能力自评	○能按时完成工作任务 ○工量具选用准确 ○无不规范操作 ○完成学习任务不超时 ○学习资料携带齐备	能独立完成工作页○ 没有失手坠落物品○ 指出过他人的不规范操作○ 暂时无任务时不无所事事○ 工作质量合格无返工○			
小组评语及建议	他（她）做到了： 他（她）的不足： 给他（她）的建议：		组长签名： 　　　年　　月　　日		
教师评价及建议			评价等级： 教师签名： 　　　年　　月　　日		

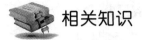相关知识

知识一　汽车商务见面礼仪

　　汽车商务见面礼仪主要表现为相互介绍、称呼问候、递送名片、握手等礼仪,它是汽车商务人员基本的礼仪规范,是衡量汽车商务人员基本素质的最重要指标。掌握正确的见面礼仪,汽车商务人员就能展现自身的修养,增强沟通能力,从而能有效地推动商务活动的顺利进行。

1.介绍

　　1)自我介绍

　　自我介绍,就是在必要的社交场合,把自己介绍给他人,使对方能够认识自己。恰当的自我介绍,不但能增进他人对自己的了解,而且还可以创造出意料之外的商机。

　　(1)自我介绍的场合(见图1-49)。

　　在商务场合,如遇到下列情况,自我介绍就很有必要:与不相识者相处时,对方表现出对自己感兴趣;在公共聚会上,与身边的陌生人组成了交际圈,并打算介入此交际圈;交往的对象因为健忘而记不清自己,或担心这种情况可能出现时,不要做出提醒式的询问,最佳的方式就是直截了当地再自我介绍一次;有求于人,而对方对自己不甚了解,或一无所知;拜访熟人遇到不相识者挡驾,或是对方不在,而需要请不相识者代为转告;前往陌生单位,进行业务联系;在出差、旅行途中,与他人不期而遇,并且有必要与之建立临时接触;因业务需要,在公共场合进行业务推广;初次利用大众传媒向社会公众进行自我推荐、自我宣传等。

　　(2)自我介绍的方式。

　　社交场合的不同,自我介绍的方式也不同,主要有以下几种。

　　①应酬式。

　　应酬式(见图1-50)的自我介绍,适用于某些公共场合和一般性的社交场合,如旅行途中、宴会厅里、舞场之上、通电话时。

图1-49

图1-50

它的对象,主要是进行一般接触的交往对象。对介绍者而言,对方属于泛泛之交,或者早已熟悉,进行自我介绍只不过是为了确认身份而已,故此种自我介绍内容要少而精。应酬式的自我介绍内容最为简洁,往往只包括姓名一项即可。例如,"您好!我的名字叫张华","我是李小峰"。

②工作式。

工作式(见图1-51)的自我介绍,主要适用于工作之中。它是以工作为自我介绍的中心,因工作而交际,因工作而交友。有时,它也叫公务式的自我介绍。

图 1-51

工作式的自我介绍的内容,应当包括本人姓名、供职的单位及其部门、担负的职务或从事的具体工作等三项,这三项称为工作式自我介绍内容的三要素,通常缺一不可。其中,第一项姓名,应当一口报出,不可有姓无名,或有名无姓。第二项供职的单位及其部门,最好全部报出,具体工作部门有时也可以暂不报出。第三项担负的职务或从事的具体工作,有职务最好报出职务,职务较低或者无职务,则可报出目前所从事的具体工作。例如,"你好!我叫张峰山,是大众汽车销售公司的售后服务部经理。"

③交流式。

交流式的自我介绍,主要适用于在社交活动中,它是一种刻意寻求与交往对象进一步交流与沟通,希望对方认识自己、了解自己、与自己建立联系的自我介绍。有时,它也叫社交式自我介绍或沟通式自我介绍。

交流式自我介绍的内容,大体应当包括介绍者的姓名、工作、籍贯、学历、兴趣以及与交往对象的某些熟人的关系,等等。它们不一定非要面面俱到,而应依照具体情况而定。例如,"我叫陈松,现在在北京吉普有限公司工作。我是清华大学汽车工程系90级的,我想咱们是校友,对吗?""我的名字叫赵静,现在在天马公司当财务总监,我和您先生是高中同学。""我叫张一鸣,天津人。我刚才听见你在唱蒋大为的歌,他是我们天津人,我特喜欢他唱的歌,你也喜欢吗?"

④礼仪式。

礼仪式(见图1-52)的自我介绍,适用于讲座、报告、演出、庆典、仪式等一些正规而隆重的场合。它是一种意在表示对交往对象友好、敬意的自我介绍。

礼仪式的自我介绍的内容,亦包含姓名、单位、职务等项,但是还应加入一些适宜的谦辞、敬语,以示自己礼待交往对象。例如,"各位来宾,大家好!我叫范晓飞,是云海公司的副总经理。现在由我代表本公司热烈欢迎大家光临我们的开业仪式,谢谢大家的支持。"

⑤问答式。

问答式的自我介绍,一般适用于应试、应聘(见图1-53)和公务交往。在普通性交际应酬场合,它也时有所见。问答式的自我介绍的内容,讲究问什么答什么,有问必答。例如,某甲问:"这位小姐,你好,不知道你应该怎么称呼?"某乙答:"先生你好!我叫王雪梅。" 某甲问:"这位先生贵姓?"回答:"免贵姓张,弓长张。"

图1-52

图1-53

(3)自我介绍的原则。

自我介绍要想做到恰到好处、不失分寸,就必须高度重视下述几个方面问题。

①自我介绍讲究效率。进行自我介绍时,一定要力求简洁,尽可能地节省时间。通常以半分钟左右为佳,如无特殊情况最好不要长于一分钟。为了提高效率,在做自我介绍时,可利用名片、介绍信等资料加以辅助。

②自我介绍讲究态度。进行自我介绍时,态度要自然、友善、亲切、随和。整体上要落落大方、笑容可掬,要敢于正视对方的双眼,显得充满信心、从容不迫。语气自然,语速正常,语言清晰。生硬冷漠的语气,过快过慢的语速,或含糊不清的语音,都会严重影响自我介绍的效果。

③自我介绍追求真实。进行自我介绍时,要真实诚恳、实事求是。自吹自擂、夸大其词,或过分谦虚,一味贬低自己去讨好别人,是不可取的。

2)介绍他人

通常是双向的,即将被介绍者双方各自均做一番介绍。处理这一问题时,必须遵守"尊者优先了解情况"的规则,即受尊敬的一方有优先了解另一方是谁的权利。介绍的顺序如下。

(1)先将男士介绍给女士。如果女性身份、职务较低,则先将女性介绍给身份、职务较高的男性。

(2)先将晚辈介绍给长辈。

(3)先将年轻者介绍给年长者(见图1-54)。

(4)先将职务、身份较低的介绍给职务、身份较高的。

(5)如果双方年龄、职务相当,则把男士先介绍给女士。

(6)先将公司同事介绍给客户。

(7)先将非官方人士介绍给官方人士。

(8)先将本国同事介绍给外国同事。

图 1-54

(9)先将客人引见给主人。
(10)先将迟到者介绍给先到者。
(11)先将熟悉的人介绍给不熟悉的人。
(12)先将未婚者介绍给已婚者。
(13)先将家人介绍给同事、朋友。

2.称谓

称谓是一种友好的问候,是人际交往的"开路先锋"。正确、适当的称谓如同人际关系的润滑剂,有利于双方的进一步沟通交往。同时,它反映出好恶、亲疏等情感,是一个人的修养、见识的完全表现,甚至还体现着双方关系发展所达到的程度和社会风尚。合适的称谓一方面表达出对他人的尊重,另一方面也表现出自己的教养和礼貌。

1)职务性称谓

这种情况多用于工作中谈论公事之时,而在日常生活或其他场所很少使用。以职务相称,有下列三种情况。

(1)以交往对象的职务相称,如"部长""经理""主任"等,以示身份有别、敬意有加,这是一种最常见的称呼。

(2)在称呼职务前加上姓氏,如"张处长""马主任",显示了说话人对对方身份的熟知和地位的肯定。

(3)在职务前加上姓名,如"×××市长",这仅适用于极其正式的场合。

2)职称性称谓

对于具有职称者,尤其是具有高级、中级职称者,在工作中直接以其职称相称。以职称相称,也以下列三种情况较为常见。

(1)仅称职称,如"教授""律师""工程师"。

(2)在职称前加上姓氏,如"张编审""陈研究员"。有时,这种称谓也可加以约定俗成的简化,如可将"张工程师"简称为"张工"。但使用简称应以不发生误会、歧义为限,如将"范局长"简称为"范局",易使人理解成"饭局"。

(3)在职称前加上姓名,适用于十分正式的场合,如"陈天华教授""赵峰主编"等。

3)学衔性称谓

在工作中,以学衔作为称呼,可增加被称呼者的权威性,有助于增强现场的学术气氛。称呼学衔,有以下四种情况使用最多。

(1)仅称学衔,如"博士"。

(2)在学衔前加上姓氏,如"文博士"。

(3)在学衔前加上姓名,如"文峰博士"。

(4)将学衔具体化,说明其所属学科,并在其后加上姓名,如"史学博士江婷"。此种称呼最为正式。

4)行业性称谓

在工作中,有时可按行业进行称呼。它具体又分为以下两种情况。

(1)称呼职业,即直接以被称呼者的职业作为称谓。例如,将教员称为"老师",将专业辩护人员称为"律师",将会计师称为"会计"等。在一般情况下,在此类称呼前,均可加上姓氏或姓名。

(2)称呼"小姐""女士""先生"。对商界、服务业从业人员,一般约定俗成地按性别的不同分别称呼为"小姐""女士"或"先生"。其中"小姐""女士"两者的区别在于:未婚者称"小姐",已婚者或不明确其婚否者则称"女士"。在公司、外企、宾馆、商店、餐馆、歌厅、酒吧、寻呼台、交通行业,此种称呼极其流行。

3.握手

握手(见图1-55),它是人与人交际的一个部分。握手的力量、姿势与时间的长短往往能够表达出不同的礼遇与态度,显露自己的个性,给人留下不同的印象,也可通过握手了解对方的个性,从而赢得交际的主动。美国著名盲聋女作家海伦·凯勒曾写道:手能拒人千里之外;也可充满阳光,让你感到很温暖……事实也确实如此,因为握手是一种语言,是一种无声的动作语言。

图 1-55

今天,握手在许多国家已成为一种习以为常的礼节。通常,与人初次见面,熟人久别重逢,告辞或送行均以握手表示自己的善意,因为这是最常见的一种见面礼、告别礼。有时在一些特殊场合,如向人表示祝贺、感谢或慰问时;双方交谈中出现了令人满意的共同点时;或双方原先的矛盾出现了某种良好的转机或彻底和解时习惯上也以握手为礼。

握手是在相见、离别、恭喜或致谢时相互表示情谊、致意的一种礼节,双方往往是先打招呼,后握手致意。

1) 握手的顺序

主人、长辈、上司、女士主动伸出手,客人、晚辈、下属、男士再相迎握手。

长辈与晚辈之间,长辈伸手后,晚辈才能伸手相握;上下级之间,上级伸手后,下级才能接握;主人与客人之间,主人宜主动伸手;男女之间,女方伸出手后,男方才能伸手相握;如果男性年长,是女性的父辈年龄,在一般的社交场合中仍以女性先伸手为主,除非男性已是祖辈年龄,或女性未成年在 20 岁以下,则男性先伸手是适宜的。但无论什么人如果他忽略了握手礼的先后次序而已经伸了手,对方都应不迟疑地回握。

2) 握手的方法

握手时,距离受礼者约一步,上身稍向前倾,两足立正,伸出右手,四指并拢,拇指张开,向受礼者握手,如图 1-56 所示。掌心向下握住对方的手,显示着一个人强烈的支配欲,无声地告诉别人,他此时处于高人一等的地位,应尽量避免这种傲慢无礼的握手方式。相反,掌心向里同他人的握手方式显示出谦卑与毕恭毕敬,如果伸出双手去捧接,则更是谦恭备至了。平等而自然的握手姿态是两手的手掌都处于垂直状态,这是一种最普通也最稳妥的握手方式。

握手时应伸出右手,不能伸出左手与人相握,有些国家习俗认为人的左手是脏的。戴着手套握手是失礼行为。

男士在握手前先脱下手套,摘下帽子,女士可以例外(见图 1-57)。当然在严寒的室外有时可以不脱,比如双方都戴着手套、帽子,这时一般也应先说声:"对不起"。握手者双目注视对方,微笑,问候,致意,不要看第三者或显得心不在焉。

图 1-56

图 1-57

如果你是左撇子,握手时也一定要用右手。当然如果你右手受伤了,那就不妨声明一下。

在商务洽谈中,在介绍人完成了介绍任务之后,被介绍的双方第一个动作就是握手。握手的时候,眼睛一定要注视对方的眼睛,传达出你的诚意和自信,千万不要一边握手一边眼睛却在东张西望,或者跟这个人握手还没完就目光移至下一个人身上,这样别人从你眼神里体味到的只能是轻视或慌乱。那么是不是注视得时间越长越好呢?并非如此,握手只需几秒钟即可,双方手一松开,目光即可转移。

握手的力度要掌握好,握得太轻了,对方会觉得你在敷衍他;太重了,人家不但没感到你的热情,反而会觉得你是个老粗,女士尤其不要把手软绵绵地递过去,显得连握都懒得握的样子,既然要握手,就应大大方方地握。

握手的时间以 1~3 秒为宜,不可一直握住别人的手不放。与大人物握手,男士与女士握手,时间以1秒钟左右为原则。

如果要表示自己的真诚和热烈,也可较长时间握手,并上下摇晃几下。作为企业的代表在洽谈中与人握手,一般不要用双手抓住对方的手上下摇动,那样显得太恭谦,使自己的地位无形中降低了,完全失去了一个企业家的风度。

被介绍之后,最好不要立即主动伸手。年轻者、职务低者被介绍给年长者、职务高者时,应根据年长者、职务高者的反应行事,即当年长者、职务高者用点头致意代替握手时,年轻者、职务低者也应随之点头致意。和年轻女性或异国女性握手,一般男士不要先伸手。

女士们请注意:为了避免在介绍时发生误会,在与人打招呼时最好先伸出手。在工作场所男女是平等的。

多人相见时,注意不要交叉握手,也就是当两人握手时,第三者不要把胳膊从上面架过去,急着和另外的人握手。

在任何情况下拒绝对方主动要求握手的举动都是无礼的。但手上有水或不干净时,应谢绝握手,同时必须解释并致歉。

恰当地握手,可以向对方表现自己的真诚与自信,也是接受别人和赢得信任的契机。

4.交换名片

名片是重要的交际工具,它直接承载着个人信息,担负着保持联系的重任。要使名片充分发挥作用,就必须掌握相关的礼仪。

1)名片的内容与分类

名片的基本内容一般有姓名、工作单位、职务、职称、通讯地址等,也有把爱好、特长等情况写在上面的,选择哪些内容,由需要而定,但无论繁、简,都要求信息新颖,形象定位独树一帜,一般情况下,名片可分两类。

(1)交际类名片。除基本内容之外,还可以印上组织的徽标,或在中文下面写上对应的英文,或在背面用英文写,便于与外国人交往。

(2)公关类名片。公关类名片可在正面介绍自己,背面介绍组织,或宣传经营范围,公关类的名片有广告效应,使组织收到更大的社会效益和经济效益。

2)名片的设计

名片的语言一般简明清晰、实事求是,传递个人的基本情况,从而达到彼此交际的目的。在现实生活中,我们可以看到有些名片语言幽默、新颖,别具一格。

(1)"您忠实的朋友——×××",然后是联系地址、邮编、电话,名片没有任何官衔,语言简洁,亲切诚实。

(2)另有一人则写着:"家中称老大,社会算老九,身高一七八,自幼好旅游,敬业精神在,虽贫亦富有,好结四方友,以诚来相求"。

(3)著名剧作家沙叶新的名片有一幅自己的漫画像,自我介绍的文字很幽默、有趣,使人对其了解更加深刻:"我,沙叶新,上海人民剧作家——暂时的;上海人民艺术剧院剧作家——永久的;××委员、××理事、××顾问、××教授——都是挂名的"。在设计上,除了文字外,还可借助有特色或象征性的图画符号等非语言信息辅助传情,增强名片的表现力,但不能有烦琐的装饰,以免喧宾夺主。

3) 名片的放置

一般来说，把自己的名片放于容易拿出的地方，不要将它与杂物混在一起，以免要用时手忙脚乱，甚至拿不出来；若穿西装，宜将名片置于左上方口袋；若有手提包，可放于包内伸手可得的部位。不要把名片放在皮夹内，工作证内，甚至裤袋内，这是一种很失礼仪的行为。另外，不要把别人的名片与自己的名片放在一起，否则，一旦慌乱中误将他人的名片当作自己的名片送给对方，这是非常糟糕的。

4) 出示名片的礼节

(1) 出示名片的顺序。

名片的递送先后虽说没有太严格的礼仪讲究，但也是有一定的顺序的。一般是，地位低的人先向地位高的人递名片，男性先向女性递名片（见图1-58）。当对方不止一人时，应先将名片递给职务较高或年龄较大者；或者由近至远处递，依次进行，切勿跳跃式地进行，以免对方误认为有厚此薄彼之感。

(2) 出示名片的礼节。

向对方递送名片时，应面带微笑，稍欠身，注视对方，将名片正对着对方，用双手的拇指和食指分别持握名片上端的两角送给对方。如果是坐着的，应当起立或欠身递送，递送时可以说一些："我是××，这是我的名片，请笑纳。""我的名片，请你收下。""这是我的名片，请多关照。"之类的客气话，如图1-59所示。在递名片时，切忌目光游移或漫不经心。出示名片还应把握好时机。当初次相识，自我介绍或别人为你介绍时可出示名片；当双方谈得较融洽，表示愿意建立联系时就应出示名片；当双方告辞时，可顺手取出自己的名片递给对方，以示愿结识对方并希望能再次相见，这样可加深对方对你的印象。

图 1-58

图 1-59

5) 接受名片的礼节

接受他人递过来的名片时，应尽快起身或欠身，面带微笑，用双手的拇指和食指接住名片的下方两角，态度也要毕恭毕敬，使对方感到你对名片很感兴趣，接到名片时要认真地看一下，可以说："谢谢！""能得到您的名片，真是十分荣幸"等。然后郑重地放入自己的口袋、名片夹或其他稳妥的地方。切忌接过对方的名片一眼不看就随手放在一边，也不要在手中随意玩弄，不要随便拎在手上，不要拿在手中搓来搓去，否则会伤害对方的自尊，影响彼此的交往。

6) 名片交换的注意点

(1) 与西方、中东、印度等外国人交换名片只用右手就可以了，与日本人交换则要用双手。

(2) 在对方递给你名片之后，如果自己没有名片或没带名片，应当首先向对方表示歉意，再如实说明理由，如"很抱歉，我没有名片""对不起，今天我带的名片用完了，过几天我会亲自寄一张给您的"。

(3)向他人索要名片最好不要直来直去,可委婉索要。比较恰到好处地交换名片的方法大概有以下几个。

①交易法。"将欲取之,必先予之"。比如我想要史密斯先生名片,我把名片递给他了,"史密斯先生这是我的名片"。当然,在国际交往中,会有一些地位落差,有的人地位身份高,你把名片递给他,他跟你说声谢谢,然后就没下文了。你要担心出现这种情况的话,就是跟对方有较大落差的时候,不妨采用下一个方法。

②激将法。"尊敬的威廉斯董事长,很高兴认识你,不知道能不能有幸跟您交换一下名片?"这话跟他说清楚了,不知道能不能有幸跟你交换一下名片,他不想给你也得给你,如果对方还是不给,那么可以采取再下一种方法。

③联络法。"史玛尔小姐,我认识你非常高兴,以后到德国来希望还能够见到你,不知道以后怎么跟你联络比较方便?"她一般会给,如果她不给,意思就是她会主动跟你联系,其深刻含义就是这辈子不跟你联系。

接受名片的注意事项如下。

①回敬对方,"来而不往非礼也",拿到人家名片一定要回。在国际交往中,比较正规的场合,即便没有也不要说,采用委婉的表达方式,如"不好意思名片用完了""抱歉今天没有带"。

②接过名片一定要看,是对别人尊重,待人友善的表现。接过名片一定要看,通读一遍,这个是最重要的。为什么要看?如果你把人家的名字和姓氏搞错了,显而易见怠慢对方是不可以的。

知识二 汽车商务接待礼仪

接待是汽车商务活动中的基本形式和重要环节,是表达主人情谊、体现礼貌素养的重要形式。认真按照汽车商务接待中的礼仪规范行事,能为人与人之间的顺利往来赢得一个良好的开端。

1.迎接准备

1)交通工具、住宿及用餐的准备

保证交通工具的运行状态良好,根据不同类型的客人,尽量选择迎合客人心理需求的住宿和用餐地点。同时由于机场、车站和码头客流量大,为方便寻找客人,应事先制作接应牌,上面写明客人的姓名、单位、出席活动、接待单位名称等,字迹端正,字体要大,容易辨认。根据来访者到达的时间,提前15分钟到达机场、车站、码头,不能出现让客人等候主方接待人员的情况。

2)到访期间的安排

客人来访期间的时间安排应提前做好规划,当接到客人时,就应向其介绍,让客人心中有数。

2.电话礼仪

1)重要的第一声

当打电话给某单位时,若一接通,就能听到对方亲切、优美的招呼声(见图1-60),心里一定会很愉快,使双方对话能顺利展开,对该单位有了较好的印象。在电话中只要稍微注意一下自己的行为就会给对方留下完全不同的印象。同样说:"你好,这里是XX公司",但声音清晰、悦耳、吐字清脆,给对方留下好的印象,对方对其所在单位也会有好印象。因此要记住,接电话时,应有"代表单位形象"的意识。

图 1-60　电话礼仪

2) 要有喜悦的心情

打电话时要保持良好的心情,这样即使对方看不见你,但是从欢快的语调中也会被你感染,给对方留下极佳的印象,由于面部表情会影响声音的变化,所以即使在电话中,也要抱着"对方看着"的心态去应对。

3) 清晰明朗的声音

打电话过程中绝对不能吸烟、喝茶、吃零食,即使是懒散的姿势对方也能够"听"得出来。如果你打电话的时候,弯着腰躺在椅子上,对方听你的声音就是懒散的,无精打采的,若坐姿端正,所发出的声音也会亲切悦耳,充满活力。因此打电话时,即使看不见对方,也要当做对方就在眼前,尽可能注意自己的姿势。

4) 迅速准确的接听

现代工作人员业务繁忙,桌上往往会有两三部电话,听到电话铃声,应准确迅速地拿起听筒,最好在三声之内接听。电话铃声响一声大约 3 秒钟,长时间无人接电话,或让对方久等是很不礼貌的,对方在等待时心里会十分急躁,你的单位会给他留下不好的印象。即便电话离自己很远,听到电话铃声后,附近没有其他人,应该用最快的速度拿起听筒,这样的态度是每个人都应该拥有的,这样的习惯是每个办公室工作人员都应该养成的。如果电话铃响了五声才拿起话筒,应该先向对方道歉,若电话响了许久,接起电话只是"喂"了一声,对方会十分不满,会给对方留下恶劣的印象。

5) 认真清楚的记录

随时牢记 5W1H 技巧,所谓 5W1H 是指:①When 何时;②Who 何人;③Where 何地;④What 何事;⑤Why 为什么;⑥HOW 如何进行。在工作中,这些资料都是十分重要的。对打电话,接电话具有相同的重要性。电话记录既要简洁又要完备,这有赖于 5W1H 技巧。

6) 了解来电话的目的

上班时间打来的电话几乎都与工作有关,公司的每个电话都十分重要,不可敷衍,即使对方要找的人不在,切忌只说"不在"就把电话挂了。接电话时也要尽可能问清事由,避免误事。首先应了解对方来电的目的,如自己无法处理,也应认真记录下来,委婉地探求对方来电目的,如此就不会误事,而且还能赢得对方的好感。

7)挂电话前的礼貌

要结束电话交谈时,一般应当由打电话的一方提出,然后彼此客气地道别,说一声"再见",再挂电话,不可只管自己讲完就挂断电话。

8)禁忌用语

在接电话时切忌使用"说!""讲!"。

说、讲是一种命令式的方式,既让人难以接受,又不礼貌。有的人在接听电话时,一接起电话马上说:"说"或"讲",或者多加一两个字"听到,说!"

这种行为在公司、企业内部也许还可以理解,由于某种原因工作繁忙,时间紧张,没有太多的时间应对电话,希望对方直截了当,别浪费时间。但这种硬邦邦的电话接听方式显得过于粗鲁无礼,有一种盛气凌人的气势,好像是摆架子。给人的感觉是"有什么话快说,老子没空和你在电话里啰嗦"。

有的人对这样的电话应答方式也懒得再"说",干脆一声不吭将电话挂了。本来还想联系一些业务或者提供一些信息,一听他这口气就不舒服,说了等于白说,这种人懒得理他。

大家每个人都希望别人以礼相待,有谁愿意同不懂得礼貌的人打交道呢?所以,在接听电话时,一定要注意应有的礼貌。

3.引导及位次礼仪

接待人员在引领客人行进的过程中,会遇到很多不同的路况,如何引领才能将客人安全、舒适地带入会客场地,这就必须掌握引导及位次礼仪。

1)行进时的位次排列

在行进过程中,需要我们注意排列的次序。一般来说,有以下几种场合。

(1)平面行进。

在平面行进过程中,又可以分为以下三种情况。

①两人并排行进时,内侧高于外侧。

②多人并排行进时,按照高低的顺序依次是:中央、内侧、外侧。

③两人前后行进时,前方高于后方。

(2)上下楼梯(见图1-61)。

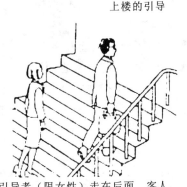

上楼的引导　　　　　下楼的引导

引导者(限女性)走在后面,客人走在楼梯里侧,引领者走在中央,配合客人的步伐速度引引

引导者走在客人的前面,客人走在里侧,而引领者走在中间,边注意客人动静边下楼

图1-61　上下楼的引导

无论是上楼梯还是下楼梯,在行走过程中需要我们掌握的位次顺序是:内侧高于外侧,中央高于两侧,前者高于后者。

具体说来,这种场合下还可以分为以下三种情况。

①横向行进时,陪同人员应该把内侧(靠墙一侧)让给客人,把方便留给客人。

②纵向行进时,以前方为上,把选择前进方向的权利让给对方。当客人不认识路时,陪同人员应在客人左前方1~1.5 m处进行引导。

③男女同行时,一般女士优先走在前方。如果与着裙装(特别是短裙)的女士同行,则上下楼时应该女士居后。

(3)上下电梯(见图1-62)。

图1-62 上下电梯的礼仪

上下电梯时的礼仪主要分为出入电梯的次序和在电梯内站立的次序两种情况。

①出入电梯的次序。

a.出入有人控制的电梯。

出入有人控制的电梯时,陪同者应后进后出,让客人先进先出。把选择方向的权利让给地位高的人或客人,这是走路的一个基本规则。如果客人初次光临,还不认识路,则应该为他们指引方向。

b.出入无人控制的电梯。

出入无人控制的电梯时,陪同人员应先行进入电梯,一手按"开门"按钮,一手拦住电梯侧门,礼貌地说:"请进",请客人或地位高的人进入电梯。

如果电梯里人很多,自己的位置不方便按电梯按钮,可以对靠近电梯门的人说:"能否请您帮我按下某层的按钮"。别人帮你按了之后,你应该面带笑容说"非常感谢"。

当到达客人或地位高的人所要求的楼层时,陪同人员一手按住"开门"按钮,另一只手做出请的动作,可说:"××层到了,您先请!"待客人走出电梯后,自己立刻步出电梯,并热诚地为其引导行进的方向。

②电梯内的站立次序。

在电梯轿厢内,陪同人员应靠边侧站立,面对或斜对客人。中途有其他客人乘电梯时,陪同人员应礼貌问候。在日本,电梯内的位置有"上下座"之分。"上座"是在电梯按钮一侧最靠后的位置;其次是这个位置的旁边;再其次是这个位置的斜前方;最差的"下座"就是挨着操作盘的位置,因为这个人要按楼层的按钮,相当于"司机"。

(4)出入房间。

①当门是向内开式时,打开后,自己先行入内,然后一只手按着门把,轻轻点头示意访客进入,这时引导的人可以站在门后阴影处,或者露出全身都无妨,基本上以露出半身较为合宜。

②若门是向外开式时,打开门后同样地单手按住门把,先稍微行个礼再请访客入内,就好像将访客送进去般的姿势,然后自己再进去,背对门将门带上,引导来客入座。

③如有特殊情况,如双方均为首次到一个陌生房间,陪同人员宜先入房门。

(5)行进中的一些禁忌。

①忌行走时与他人相距过近,避免与对方发生身体碰撞。万一发生,务必及时向对方道歉。

②忌行走时尾随于他人身后,甚至对其窥视、围观或指指点点。在不少国家,此举会被视为"侵犯人权"。

③忌行走时速度过快或者过慢,以免妨碍周围人的行进。

④忌一边行走一边连吃带喝,或是吸烟不止。那样不仅不雅观,而且还会有碍于他人。

⑤忌与已成年的同性在行走时勾肩搭背、搂搂抱抱。在西方国家,只有同性恋者才会这么做。

4.乘车时的位次排列

乘车是在商务活动中最普遍的一种交通方式,在这方面所体现出的礼仪也是非常细密的。因此,我们在选择不同的车辆时,要注意选择不同的位次排列(见图1-63、图1-64、图1-65),这样才能体现出一个商务人员应有的修养。

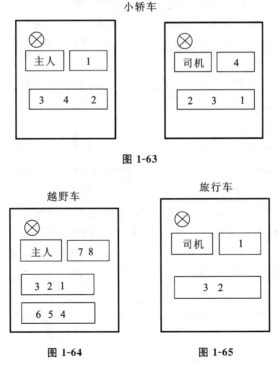

图1-63

图1-64　　图1-65

1)按照司机的不同身份来定义位次

当乘坐轿车时,我们可以按照司机的不同身份来分别定义不同的位次顺序。司机的身份主要有两种:即轿车的主人和专职司机。

(1)当轿车的主人驾驶时,一般前排座为上,后排座为下;以右为尊。具体来说,可以分为以下几种情况。

其一,在双排五座的轿车里,座位由尊而卑应当依次是:副驾驶座,后排右座,后排左座,后排中座。

其二,在双排六人座轿车上,座位由尊而卑应当依次是:前排右座,前排中座,后排右座,后排左座,后排中座。

其三,三排七座轿车里其他六个座位的座次,由尊而卑依次应为:副驾驶座、中排右座、中排中座、中排左座、后排右座、后排中座、后排左座。当主人亲自驾车时,若一个人乘车,则必须坐在副驾驶座上;若多人乘车,必须推举一个人在副驾驶座上就座,不然就是对主人的失敬。

(2)由专职司机驾驶轿车时,通常仍讲究右尊左卑,但一般以后排为上,前排为下。具体来说,可以分为以下几种情况。

其一,在双排五人座轿车上,座位由尊而卑应当依次为:后排右座,后排左座,后排中座,副驾驶座。

其二,在双排六人座轿车上,座位由尊而卑应当依次为:后排右座,后排左座,后排中座,前排右座,前排中座。

其三,三排七座轿车上,其他六个座位的座次由尊而卑依次应为:后排右座、后排左座、后排中座、中排右座、中排左座、副驾驶座。

其四,三排九座轿车上,其他八个座位的座次由尊而卑依次应为(假定驾驶座居左):中排右座、中排中座、中排左座、后排右座、后排中座、后排左座、前排右座、前排中座。

2)按照轿车的不同类型来定义位次

除了上述内容中的双排座,对于其他一些特殊类型的轿车我们还需要掌握其他礼仪知识。

(1)吉普车的位次排列。

吉普车是一种轻型越野客车,它大都是四座车。不管由谁驾驶,吉普车上座次由尊而卑均依次是:副驾驶座,后排右座,后排左座。

(2)多排座轿车的位次排列。

多排座轿车指的是四排以及四排以上座位的大中型轿车。其不论由何人驾驶,均以前排为上,以后排为下;以右为尊,以左为卑;并以距离前门的远近,来排定其具体座次的尊卑。

3)按照安全系数来定义位次

根据常识,轿车的前排,特别是副驾驶座,是车上最不安全的座位。因此,按惯例,在社交场合,该座位不宜请女性或儿童就座。在公务活动中,副驾驶座,特别是双排五座轿车上的副驾驶座被称为"随员座",循例专供秘书、翻译、警卫、陪同等随从人员就座。

当主人亲自开车时,之所以以副驾驶座为上座,既是为了表示对主人的尊重,也是为了显示与之同舟共济。

在许多城市,出租车的副驾驶座经常不允许乘客就座,这主要是为了防范歹徒劫车,其实质也是出于安全考虑。

4)按照自愿或其他方式来定义位次

通常,在正式场合乘坐轿车时,应请尊长、女士、来宾就座于上座,这是给予对方的一种礼遇。然而更为重要的是,与此同时,不要忘了尊重嘉宾本人的意愿和选择,并应将这一条放在最重要的位置。在与同等地位的人上下车时,要互相谦让。

5）上下车位次

乘坐轿车时，按照惯例，应当请位尊者先上车，最后下车。位卑者应当最后上车，最先下车。在轿车抵达目的地时，若有专人恭候，并负责拉开轿车的车门，这时位尊者可以率先下车。

5.会客时的位次排列

会客，也叫会见、会晤或者会面。它所指的多是礼节性、一般性的人与人之间的相互交往。在会客时，安排位次具体有下述五种基本方式。

1）相对式

具体做法是宾主双方面对面而坐。这种方式显得主次分明，往往易于使宾主双方公事公办，保持距离。这种方式多适用于公务性会客，通常又分为以下两种情况。

（1）双方就座后，一方面对正门，另一方背对正门。此时讲究"面门为上"，即面对正门之座为上座，应请客人就座；背对正门之座为下座，宜由主人就座。

（2）双方就座于室内两侧，并且面对面地就座。此时讲究进门后"以右为上"，即进门后右侧之座为上座，应请客人就座；左侧之座为下座，宜由主人就座。

（3）当宾主双方不止一人时，客人就座于进门后的右侧里面的位置上，而客人的随同人员在离门较近的位置。主人面对客人就座，主人的随同人员面对客人的随同人员就座。

2）并列式

基本做法是宾主双方并排就座，以暗示双方"平起平坐"，地位相仿，关系密切。它具体分为两类情况。

（1）双方一同面门而坐。

此时讲究"以右为上"，即主人宜请客人就座在自己的右侧面。若双方不止一人时，双方的其他人员可各自分别在主人或主宾的侧面按身份高低依次就座。

（2）双方一同在室内的右侧或左侧就座。

此时讲究"以远为上"，即距门较远之座为上座，应当让给客人；距门较近之座为下座，应留给主人。

3）居中式

所谓居中式排位，实为并列式排位的一种特例。它是指当多人并排就座时，讲究"居中为上"，即应以居于中央的位置为上座，请客人就座；以两侧的位置为下座，而由主方人员就座。

4）主席式

主席式主要适用于在正式场合由主人一方同时会见两方或两方以上的客人。此时，一般应由主人面对正门而坐，其他各方来宾则应在其对面背门而坐。这种安排犹如主人正在主持会议，故称为主席式。

5）自由式

自由式的座次排列，即会见时有关各方均不分主次、不讲位次，而是一律自由择座。自由式通常用在客人较多，座次无法排列，或者大家都是亲朋好友，没必要排列座次时。进行多方会面时，此法常常采用。

6.奉茶礼仪

在接待过程中，奉茶礼仪（见图1-66）占有重要的一环。奉茶礼仪的好坏与否，直接影响洽谈工作的开展。

1) 奉茶的方法

上茶应在主客未正式交谈前。正确的步骤是:双手端茶从客人的左后侧奉上。要将茶盘放在临近客人的茶几上,然后右手拿着茶杯的中部,左手托着杯底,杯耳应朝向客人,双手将茶递给客人同时要说"您请用茶"。

2) 奉茶的顺序

上茶应讲究先后顺序,一般应为:先客后主;先女后男;先长后幼。

3) 奉茶的禁忌

尽量不要用一只手上茶,尤其不能用左手。切勿让手指碰到杯口。为客人倒的第一杯茶,通常不宜斟得过满,以杯深的 2/3 处为宜。继而把握好续水的时机,以不妨碍宾客交谈为佳,不能等到水见底后再续水。

7. 欢送

送客是接待工作中的最后一个环节,如果处理不当会显得虎头蛇尾,影响前面给对方留下的好印象。送客环节应包括以下步骤。

1) 亲切挽留

对主人来说,不应主动流露出送客之意,应该由来宾先行提出。当来宾提出告辞时,需热情挽留。若来宾执意离去,主人应在客人起身后方可起身相送。

2) 短暂话别

话别时可以就双方的合作表示满意,就今后双方的往来寄予希望,并欢迎其再次光临,同时可赠予对方一些纪念品、礼物。要注意话别的时间不宜过长。

3) 目送离开

主宾带领随从一同送客,主宾在前,随从居后,目送送行车辆远离视线后才可离开,如图 1-67 所示。

图 1-66

图 1-67

 任务拓展

1. 营销基本礼仪之营销技巧

营销技巧主要有助于营销人员与客户更好地接触和交谈,往往很多细节会影响客户对你

的评价,这些技巧主要体现在细节上。

技巧一　让客户意识到你比他专业。比如可以像老师一样摆一些专业知识,讲一些道理。

技巧二　让客户觉得你很亲切。不要怕生,像朋友一样对待。

技巧三　如果客户不是一个人来的,那他身边的人也需要多注意、关心一下。

技巧四　营销中尽量不去总说其他品牌的不好之处,不攻击其他品牌。可以用建议方式推荐自己产品。

技巧五　说话要委婉,不直接拒绝或否定客户想法。

技巧六　接待时不要一味地按照标准执行,要会用你的动作、语言调节气氛。活用礼仪,不要完全被束缚。

技巧七　尽量多地赞美客户。说一些与产品无关的方面,让客户保持各个方面的优越感,有时可以用半开玩笑的方式缓解气氛,让客户更放松随意。

2.营销基本礼仪之微笑营销

微笑营销就是说营销过程面部表情要柔和,让客户不至于有不适的感觉。

微笑的要点是:口眼鼻眉肌结合,做到真笑。发自内心的微笑,会自然调动人的五官,使眼睛略眯、眉毛上扬、鼻翼张开、脸肌收拢、嘴角上翘。神情结合,显出气质。笑的时候要精神饱满、神采奕奕、亲切甜美。声情并茂,相辅相成。

只有声情并茂,你的热情、诚意才能为人理解,并起到锦上添花的效果。与仪表举止的美和谐一致,从外表上形成完美统一的效果。

注意微笑时不要缺乏诚意、强装笑脸;不要露出笑容随即收起;不要仅为情绪左右而笑;不要把微笑只留给上级、朋友等少数人。

 项目小结

(1)汽车营销人员是指在汽车所属各个企业、组织或汽车市场营销管理活动中从事市场调查、市场预测、汽车市场开发、汽车市场投放策划、市场信息管理、价格管理、销售促进、公共关系等工作的专业管理人员。

(2)汽车营销人员的任务就是,为了更好地满足顾客需求,达到营销目标而开展一系列市场营销活动。其基本任务有两个:一是发现顾客的需求;二是实施一系列更好满足顾客需求的市场营销活动。

(3)汽车营销人员的能力是指汽车营销人员完成汽车市场营销任务所必备的实际工作能力。汽车营销人员要想取得成功,除了必须具备多方面的素质以外,还必须具备完成汽车市场营销工作的基本能力。

(4)汽车商务见面礼仪主要表现为相互介绍、称呼问候、递送名片、握手等礼仪,它是汽车营销人员基本的礼仪规范,是衡量汽车营销人员基本素质的最重要指标。

(5)接待是汽车商务活动中的基本形式和重要环节,是表达主人情谊、体现礼貌素养的重要形式。认真按照汽车商务接待中的礼仪规范行事,能为人与人之间的顺利往来赢得一个良好的开端。

综合测试

一、单项选择题

1. 在商务交往中,索取名片时,先递名片给对方,再问如何与对方联系是属于哪种名片索取法?（　　）
   A. 激将法　　　　B. 明示法　　　　C. 交易法　　　　D. 谦恭法

2. 下列选项中,又被称为国家公务员礼仪的是（　　）。
   A. 商务礼仪　　　B. 国际礼仪　　　C. 政务礼仪　　　D. 服务礼仪

3. 接电话时,拿起话筒的最佳时机是在铃声响过（　　）之后。
   A. 一声　　　　　B. 二声　　　　　C. 四声　　　　　D. 五声

4. 一位男士想要认识一位女士,在男士自报家门后,女士合乎礼仪的回答是（　　）。
   A. 嗯,知道了
   B. 点头示意
   C. 自我介绍一番:"你好,我是×××,很高兴认识你"
   D. 抱歉,我不想认识你

5. 主人陪同多位客人出入无人驾驶的电梯时,请问出入电梯的标准先后顺序是（　　）。
   A. 主人先进先出　　　　　　　B. 客人先进先出
   C. 主人先进后出　　　　　　　D. 客人先进后出

6. 给别人打电话时,哪个问题是最重要的?（　　）
   A. 自我介绍　　　　　　　　　B. 通话的时间
   C. 通话的长度　　　　　　　　D. 通话的地点

7. 某集团公司人力资源部的职员王某在用电话打给其子公司的企管部的经理,王某自我介绍时,按照电话礼仪的规则,王某正确做法是（　　）。
   A. 我是王＊＊
   B. 先报电话号码＊＊＊＊＊＊＊
   C. 我是人力资源部的王＊＊
   D. 请问您是＊公司企管部的＊经理吗?

8. 在国际交往中,男人穿西装的最高标准要求是（　　）。
   A. 三色原则　　　B. 同质同色　　　C. 三一律

9. 在您的同事不在,您代她接听电话时,应该（　　）。
   A. 先问清对方是谁
   B. 先告诉对方,他找的人不在
   C. 先问对方有什么事
   D. 先记录下对方的重要内容,待同事回来后告诉他处理

10. 接听电话时恰好另一个电话同时响起,应当（　　）。
    A. 置之不理
    B. 挂断接听的电话去接另一部电话

C. 可两部电话同时接听

D. 接起第二部电话记下对方电话稍后打过去

11. 假如中国人民大学某系部的老师刘方明要来我公司进行管理人员的职业礼仪培训,我公司所有受训人员对其称谓应是( )。

　　A. 刘方明　　　B. 刘教授　　　C. 刘先生　　　D. 刘老师

12. 假使小王一家要在家宴请客人。小王的家庭成员情况是:小王单身男性,在某公司任经理一职;父母亲均是农民;妹妹现就读高中。请问小王一家中谁应为彼此不认识的客人做介绍?( )

　　A. 小王　　　B. 小王的父亲　　　C. 小王的母亲　　　D. 小王的妹妹

13. 冯某(35岁)是某集团公司某部室的一名职员,其在工作的过程中遇到了一个小困难需要打电话向其子公司某科室的主任刘某(34岁)请教,请问在通话结束时,按照职业礼仪的游戏规则应是谁先挂电话?( )

　　A. 冯某　　　　　　　　　　B. 刘某

　　C. 谁先挂都无所谓　　　　　D. 看情况而定

14. 在正常情况下,每一次打电话的时间最好遵循( )原则。

　　A. 10 分钟　　　B. 5 分钟　　　C. 3 分钟

15. 对一般人来说,在礼仪交往中比较讲究"女人看头,男人看腰",其中男人看"腰"看的是什么?( )

　　A. 腰的粗细　　　　　　　B. 腰带的价值

　　C. 腰带上饰品的价值　　　D. 腰上挂不挂东西

16. 在手势语运用中,切忌谈话时伸出食指指点( ),这是一种不礼貌的行为。

　　A. 天空　　　B. 自己　　　C. 对方

17. 握手的全部时间应控制在( )秒钟以内。

　　A. 1　　　B. 3　　　C. 5　　　D. 7

18. 递接文件或名片时应当注意字体的( )。

　　A. 正面朝向对方　　B. 侧面朝向对方　　C. 反面朝向对方

19. 在商务交往中,尤其应注意使用称呼应该( )。

　　A. 就低不就高　　　B. 就高不就低

　　C. 适中　　　　　　D. 以上都不对

20. 按商务礼仪,引导者应在客人的( )。

　　A. 左前方引路　　　B. 左后方指路

　　C. 右前方引路　　　D. 右后方指路

二、多项选择题

1. 与人交往中,不恰当的举止有( )。

　　A. 架起"二郎腿"　　　　　B. 斜视对方

　　C. 以食指点指对方　　　　D. 头部仰靠在椅背上

2. 人们在日常交往中,哪些场合不适合讲商务礼仪?( )

　　A. 第一次与客户见面　　　B. 老朋友相聚

　　C. 与少数民族交往　　　　D. 夫妻之间

3. 仪表礼仪把握的原则是（　　）。
   A. 整洁　　　　　B. 自然　　　　　C. 美观　　　　　D. 互动
4. 商务礼仪中女士的唇彩的颜色应与（　　）的颜色相同。
   A. 手提包　　　　　　　　　　　B. 腮红
   C. 衬衣　　　　　　　　　　　　D. 指甲
   E. 套装
5. 在商务礼仪中，有些时候，不要因公事打对方电话，这些时候通常是指（　　）。
   A. 星期一早上 10:00 以前的时段
   B. 周末的 16:00 以后时段
   C. 对方休假时段
   D. 平常 22:00－6:00 这个时段
6. 与别人交谈时三不准是指（　　）。
   A. 打断别人　　　　　　　　　　B. 补充对方
   C. 更正对方　　　　　　　　　　D. 看重对方
7. 仪表礼仪需要注意的要点是（　　）。
   A. 要注意容貌的修饰　　　　　　B. 要注意化妆
   C. 要注意举止　　　　　　　　　D. 要注意表情
8. 容貌的修饰要点主要有（　　）。
   A. 发型　　　　　B. 面部　　　　　C. 口部　　　　　D. 手部
9. 在介绍集团公司部室的职员刘某（女，28岁）与子公司某科室的科长王某（男，35岁）相互认识的时候，谁应先伸手？（　　）
   A. 王某，年龄大　　　　　　　　B. 刘某，女性
   C. 刘某，地位高　　　　　　　　D. 王某，官职高
10. 电话通话过程中，以下说法正确的有（　　）。
    A. 为了不影响他人，不使用免提方式拨号或打电话
    B. 为了维护自己形象，不边吃东西边打电话
    C. 为了尊重对方，不边看资料边打电话
    D. 以上说法都不正确

三、判断题
1. 礼仪的"礼"的含义是尊重，"仪"的含义是表达尊重的形式。（　　）
2. 在商务活动中，男同志在任何情况下均不应穿短裤，女同志夏天可光脚穿凉鞋。（　　）
3. 托人办事者，需等对方挂电话后方可挂电话。（　　）
4. 高密市普通市民王某向高密市社会和劳动保障局社保科的科长刘某电话咨询有关个人缴纳养老保险的问题，在通话结束时，按照职业礼仪的游戏规则应是刘某先挂电话。（　　）
5. 三一律的穿衣原则指的是鞋子、领带、公文包是同一颜色，而且首选黑色。（　　）
6. 你正在和一个重要的客户谈一笔业务，这时电话铃响了，而又没有代接电话的人，为了体现对客户的尊重，可对电话置之不理。（　　）
7. 礼仪操作讲究的七个字是"有所为，有所不为"。（　　）
8. 在重要场合，男士头发的长度要求是"前发不符额，侧发不掩耳，后发不及领"。（　　）

9. 客人来时,应是主人先伸手;客人走时,应是客人先伸手。(　　)
10. 有地位有身份的男士出席比较重要的场合时,腰带上一定要少挂东西。(　　)

四、案例分析题

1. 某照明器材厂的业务员金先生按原计划,手拿企业新设计的照明器材样品,兴冲冲地登上六楼,脸上的汗珠未及擦一下,便直接走进了业务部张经理的办公室,正在处理业务的张经理被吓了一跳。"对不起,这是我们企业设计的新产品,请您过目。"金先生说。张经理停下手中的工作,接过金先生递过的照明器,随口赞道:"好漂亮啊!"并请金先生坐下,倒上一杯茶递给他,然后拿起照明器仔细研究起来。金先生看到张经理对新产品如此感兴趣,如释重负,便往沙发上一靠,跷起二郎腿,一边吸烟一边悠闲地环视着张经理的办公室。当张经理问他电源开关为什么装在这个位置时,金先生习惯性地用手搔了搔头皮。虽然金先生作了较详尽的解释,张经理还是有点半信半疑。谈到价格时,张经理强调:"这个价格比我们预算高出较多,能否再降低一些?"金先生回答:"我们经理说了,这是最低价格,一分也不能再降了。"张经理沉默了半天没有开口。金先生却有点沉不住气,不由自主地拉松领带,眼睛盯着张经理,张经理皱了皱眉,"这种照明器的性能先进在什么地方?"金先生又搔了搔头皮,反反复复地说:"造型新、寿命长、节电。"张经理托辞离开了办公室,只剩下金先生一个人。金先生等了一会,感到无聊,便非常随便地抄起办公桌上的电话,同一个朋友闲谈起来。这时,门被推开,进来的却不是张经理,而是办公室秘书。

(1)请结合案例分析,金先生的生意没有谈成的礼仪缺陷有哪些?
(2)在商务活动中,金先生应该如何注意自己的个人礼仪问题?

2. 小李的口头表达能力不错,对公司产品的介绍也得体,人既朴实又勤快,在业务人员中学历又最高,老总对他抱有很大期望。可做销售代表半年多了,业绩总上不去。问题出在哪儿呢?原来,发现他是个不爱修边幅的人,双手拇指和食指喜欢留着长指甲,里面经常藏着很多"东西"。脖子上的白衣领经常是酱黑色,有时候手上还记着电话号码。他喜欢吃大饼卷大葱,吃完后,不知道去除异味的必要性。在大多情况下,根本没有机会见到想见的客户。有客户反映小李说话太快,经常没听懂或没听完客户的意见就着急发表看法,有时说话急促,风风火火的,好像每天都忙忙碌碌的,少有停下来的时候。

分析:案例中,小李犯了哪些错误呢?

项目二

车辆介绍与销售

项目情景

进入一家 4S 店,以下这段对话场景映入眼帘。

甲:您好!欢迎光临天籁汽车 4S 店,我是您的销售顾问曾诚,这是我的名片,请多指教。

甲:请问先生(小姐),怎么称呼您呢?

乙:我姓赵。

甲:赵先生(小姐)您好,现在呈现在我们面前的是您关注已久的天籁(见图 2-0),我想我的服务会让您更进一步地了解和认识它,从而不虚此行。

图 2-0

甲:首先我们可以看到的是,天籁的比例外观融合了欧式车的设计和东方车平稳方正的特点,是一种更为先进的车身比例设计新方案,您会发现天籁的轴距较长,但是车头和车尾的距离较短,不但表现出流线美感,还会带给你稳重的安全感,同时天籁配备的是绿色环保的清水前挡风玻璃和车速感应式的雨刮器,当您在雨天行车时它会随着您车速的快慢充分保证驾驶者的清晰视线,保证全车乘员的安全……

 工作任务

任务一　车辆展示与介绍
任务二　汽车销售

任务一

车辆展示与介绍

 **任务描述**

汽车展示(见图 2-1)是指对汽车进行详细展示,包括汽车外部流线型、颜色等详细的信息,让顾客在看到汽车的同时对汽车的每一个细节都有一定了解。通过对汽车进行六方位介绍能更有效地帮助顾客了解汽车各方面性能。

图 2-1

 **任务目标**

(1)熟悉汽车外部、内部及安全性能。
(2)掌握汽车六方位介绍方法并操作。

任务分析

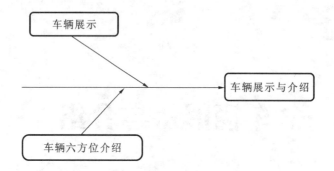

 任务实施

实施一　任务准备

新车一辆,包括:
(1)车钥匙;
(2)方向盘调整至最高位置(见图2-2);

图 2-2

(3)确认所有座椅都调节回垂直位置;
(4)驾驶员的座椅尽量后移;
(5)前乘客座椅向前移;
(6)座椅的高度调整至最低的水平位置(见图2-3);
(7)收音机选台,磁带、CD的准备(见图2-4);
(8)车辆清洁。

项目二 车辆介绍与销售 | 63

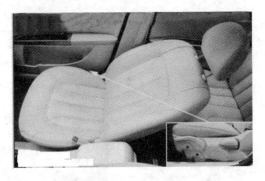

图 2-3

图 2-4

实施二 任务实施

绕车(见图 2-5、图 2-6)中,应注意顾客的语言和行为,当发现顾客对某些方面表示出兴趣时,应能及时地重新组织语言,对顾客进行冲击式讲解。

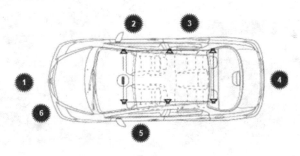

图 2-5

图 2-6

(1)车头前端(见图2-7):品牌、外观、风格以及空气动力学特性等。

(2)车身侧面(见图2-8):侧面外观、车身腰线、侧面防护、悬架、轮毂和轮胎、刹车系统、门把手及其设计、车厢安全设计。

图 2-7　　　　　　　　　　　图 2-8

(3)车位后端(见图2-9):后侧外观、行李箱及其空间、内部设计的便利性。

图 2-9

(4)车厢内饰(见图2-10):舒适性、宁静性、便利性、设备、内饰、后排空间。

(5)驾驶席(见图2-11):仪表盘、中控台、操控、安全等。

图 2-10　　　　　　　　　　　图 2-11

(6)发动机机舱(见图2-12):发动机、变速器、操控、安全设计、保修保养条款。

图 2-12

实施三　任务检测

项目	相关内容	得分	缺失项目 ○	缺失项目 △	缺失项目 ×	缺失内容
开场	品牌	3				
	超大	3				
	超靓	3				
	超净芯	3				
车前45度	车身设计尺寸	1				
	前脸整体风格,风阻系数	1				
	前脸大"U"形设计,镀铬三角形中网	1				
	抗紫外线前挡风玻璃及遮阳膜	1				
	变速可调前雨刷	1				
	高照度熏黑运动式多棱反射混合前大灯	1				
	与车身同色的立体大包围前后保险杠(带防撞钢梁)	1				
	高穿透性前雾灯	1				
	空气动力学下格栅	1				
发动机室	发动机	1				
	干净整齐的发动机室整体布置	1				
	"一高二降"的特性	1				
	STT智能节油系统	1				
	EMS发动机管理系统,SEFI次序电控燃油喷射	1				
	新型4孔喷油器、独立点火系统、无回油燃油系统	1				
	高分子材料塑钢进气歧管及耦合式耐高温不锈钢排气歧管	1				
	曲轴扭振皮带轮	1				
	ABS+EBD	1				
乘客侧	HHRB高刚性吸能式笼型安全车身	1				
	动感双腰线设计	1				
	选装运动型多功能行李架	1				
	与车身同色的外后视镜(带超大LED转向灯)	1				
	电控加油口盖	1				
	与车身同色的直握门把手	1				
	轮胎	1				
	精准刹车系统(四轮盘刹)	1				
	兼顾运动与舒适的悬挂系统	1				
	最大离地间隙、接近角和离去角	1				

续表

项目	相关内容	得分	缺失项目 ○	缺失项目 △	缺失项目 ×	缺失内容
车尾后端	个性运动的尾部造型（独特个性立体式的三层造型,腰线在车尾收拢,充满爆发力）	1				
	饱满的车身线条与立体双色大包围后保险杠连为一体,厚实丰满	1				
	高灵敏度整体式车顶天线	1				
	LED高位刹车灯	1				
	宽大的大角度倾斜后风窗	1				
	除霜、除雾电加热丝	1				
	LED的组合式熏黑运动型后大灯	1				
	粗大结实的后雨刷	1				
	霸气的牌照架（时尚的镀铬饰件）	1				
	远程电动控制的后备厢门	1				
	平整宽大的后备厢盖板	1				
	后备厢容积,后排座椅可放倒	1				
	全尺寸备胎	1				
	NVH静肃处理	1				
	立体双层大包围后保险杠（带防撞钢梁）	1				
	全方位四孔倒车雷达（三段式报警）	1				
	运动型黑色下护罩	1				
	几何形状动感后灯组及倒车灯	1				
后座乘客区	两段式开门（儿童安全锁）	1				
	宽大后排空间,轻松坐3人	1				
	包裹性座椅:两种织物,四种颜色选择	1				
	可翻折隐藏的中央扶手箱（两个杯托）	1				
	宽大门板扶手（镀铬饰件）	1				
	灵活多变的空间安排	1				

续表

项目	相关内容	得分	缺失项目 ○	缺失项目 △	缺失项目 ×	缺失内容
驾驶室	时尚与传统文化并存的内饰风格(2种运动内饰,银色与深色搭配)	1				
	超大空间设计	1				
	超大视野(前移式大角度倾斜前挡风与优化A柱)	1				
	双开启模式(一键式控制)电动天窗	1				
	双前顶灯	1				
	前挡风遮阳膜	1				
	防眩目内后视镜	1				
	中控门锁	1				
	四门电动窗控制	1				
	三幅式方向盘(娱乐控制装置)	1				
	可溃缩式转向柱	1				
	带中央电脑的仪表盘	1				
	精致中控台	1				
	备用12 V电源插口	1				
	电子节气门、休息用脚踏板	1				
	五挡变速器	1				
	中央扶手箱	1				
	包裹筒式座椅(六向调节,腰部支撑)	1				
	近30处储物空间	1				
	可折叠遥控钥匙(集防盗、两段式遥控中央门锁;发动机锁止防盗;遥控开启后备厢;遥控关闭车窗;寻车功能)	1				
竞品	同类竞品优势	8				
其他评价	销售顾问的服装仪容是否标准	2				
	销售顾问的语调、动作	2				
	销售顾问的引导能力	2				
	是否应用FBSI销售法	2				

 任务评价

任务评价表

班级：　　　　　　　　组别：　　　　　　　　姓名：

项目	评价内容 （请在对应条目的○内打"√"或"×"，不能确定的条目不填，可以在小组评价时让本组同学讨论并写出结论）		评价等级（学生自评）		
			A 全部为√	B 有一至三个×	C 有多于三个×
关键能力自评	○按时到场 ○工装齐备 ○书、本、笔齐全 ○不追逐打闹 ○接受任务分配 ○不干扰他人工作	学习期间不使用手机、不玩游戏○ 未经老师批准不中途离场○ 无违规操作○ 无早退○ 先擦净手再填写工作页○			
	○工作服保持干净 ○私人物品妥善保管 ○工作地面无脏污 ○工作台始终整洁 ○无浪费现象 ○参与了实际操作	无安全事故发生○ 使用后保持工具整齐干净○ 能及时纠正他人危险作业○ 废弃物主动放入相应回收箱○ 未损坏工具、量具及设备○			
	○课前有主动预习 ○与本组同学关系融洽 ○积极参与小组讨论 ○接受组长任务分配 ○能独立查阅资料 ○工装穿戴符合要求	本小组工作任务能按时完成○ 主动回答老师提问○ 能独立规范操作○ 能主动帮助其他同学○ 不戴饰物，发型合规○			
专业能力自评	○能按时完成工作任务 ○工量具选用准确 ○无不规范操作 ○完成学习任务不超时 ○学习资料携带齐备	能独立完成工作页○ 没有失手坠落物品○ 指出过他人的不规范操作○ 暂时无任务时不无所事事○ 工作质量合格无返工○			
小组评语及建议	他（她）做到了： 他（她）的不足： 给他（她）的建议：		组长签名： 　　　年　月　日		
教师评价及建议			评价等级： 教师签名： 　　　年　月　日		

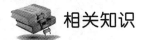 相关知识

知识一　客户心理分析

客户进入展厅会有如下所列举的一些心理活动：
◆"我只想和能诚挚而乐意地帮助我购买合适的车的销售顾问打交道。"
◆"我需要帮助来搜集有关这种车的可靠信息。"
◆"我希望能顺利达成交易。"
◆"我希望能自由搜集我所需要的信息，而不必承诺今天我将购车。"
◆"我希望有一位对产品十分了解的销售顾问，他能明白、准确地回答我的问题。"

 对症下药

(1) 销售顾问在介绍所推荐的车辆时应着重介绍那些迎合客户购买需求的特性与好处，这将会使客户确信他的需求已被了解。

(2) 销售顾问应让客户确认所介绍的车辆确实符合他的需要与愿望，这将有助于建立客户对销售顾问及其推荐建议的信任感。

知识二　FAB介绍法

什么是FAB介绍法(见图2-13)？
◆ Feature：产品或服务的特性或属性，如后视镜的自动折叠、侧气囊、ABS+EBD等。
◆ Advantage：产品的某项特性与其他产品相比的优势。
◆ Benefit：产品的特性和优势可以给客户带来的利益或好处。

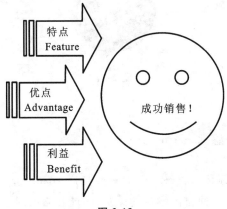

图 2-13

F

简单地介绍并说明产品的特性及功能。

在介绍产品特性时,必须针对客户需求。销售顾问对配置的细节应充分了解,但是对客户介绍多少,完全取决于客户对配置技术细节的兴趣。

A 特别说明此特性的优势在哪里。

大多数客户在采取购买行动前,都会对其选择的商品进行比较,因此,销售顾问在介绍产品的特性之后,需再就该项特性在市场上的优势做说明。

B 该功能的优势会给客户带来怎样的利益。

介绍产品特性时,最后必须把内容转到产品特性能给潜在客户带来的利益上。若产品特性、优势还无法保证客户采取行动,则只有那些令客户产生冲击的利益,才会令客户采取购买行动。

知识三 FBSI 销售法(图 2-14)

什么是 FBSI 销售法(见图 2-14)?
◆F:我们拥有什么样的配置。
◆B:这项配置能给客户带来什么好处。
◆S:引导客户亲自感受。
◆I:一个具有冲击性的情境。

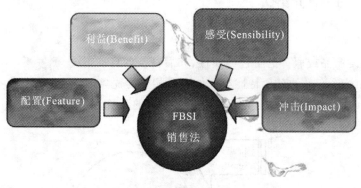

图 2-14

FBSI 销售法示例如下。

标准句式:

拥有……对您来说……感觉……试想……

示例:

比亚迪 S8 拥有折叠硬顶技术,能够在 25 秒内开启和闭合折叠硬顶,对您来说 S8 不但能让您随时随地享受敞篷跑车那种自由畅快的感觉,更能在必要时变为优雅的轿跑,让您尽情享受美妙的休闲时光,这种感觉只有 S8 才能够带给您,试想一下您开着 S8 在海边兜风,车里坐着您的家人和朋友。大家一起沐浴在温暖的阳光下,呼吸着清新的海风,看着海天一色的景色,是多么令人羡慕的生活啊!

知识四　车辆介绍流程

车辆介绍流程如图 2-15 所示。

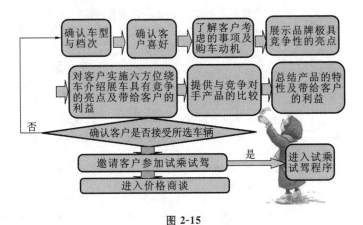

图 2-15

 知识拓展

以 09 款宝典为例,讲解汽车六方位介绍。

拓展一　绕车前概述

09 款宝典是以美国福特最新的造车标准,结合五十铃经典的造车技术,而开发出的中高端皮卡。09 款宝典是以"造车如同创造艺术品"为设计理念,采用目前国内皮卡行业里最时尚的外形设计、最领先的科技、最精湛的工艺、最严谨的制造流程,完美打造出来的高性能轿卡车。

拓展二　绕车介绍

自信满满地伸出右手引导客户视线至整车(见图 2-16)。

图 2-16

与客户站在左前方45度角	销售顾问:逐一说明09款宝典改款重点……宝典应用视觉美学,引领皮卡魅力设计	
项目1:俊朗魅力设计	动作1	销售顾问:自信满满地伸出右手引导客户视线至整车
	话术	说明09款宝典重点:前脸部分采用最新福特X焦点美学设计,全新前保险杠、前大灯、发动机、机舱盖、进气格栅、圆形雾灯、高钢线条张力轮弧、车门、车身侧面防擦条、镀铬双曲率可折后视镜、工作休闲双用架
	动作2	销售顾问:手指改款之处,并逐一说明09款宝典改款重点
项目2:福特家族"视觉X焦点"特色	动作1	销售员演示X焦点流线型的风阻导向,经过高钢线条张力轮弧、车门的手势
	话术	09款宝典采用最新福特家族X焦点设计,市面上新款的福克斯及蒙迪欧均采用此前脸设计,从侧面充分表现江铃与福特的战略关系,因为此设计是福特申请过专利的。 　　X焦点设计在美学上取得突破的同时,也进行多项空气力学调整,车身呈流线型,既有活力又不太张扬;行驶中风阻低、风噪小,有效提升行车节油效率及宁静度。 　　09款宝典的高端品牌形象、俊朗外形,印证着您在事业上的成功,也反映出您对生活品质的独特追求,像您这样的成功人士,09款宝典确实非常适合 　　(适时地赞美客户,拉近客户距离,有助于销售成交)
	动作2	销售顾问:鼓励客户动手触摸X焦点线形及高钢线条张力轮弧造型
项目3:光律学晶钻头灯组	动作1	销售顾问:弯腰手指向光律学晶钻头灯组
	话术	09款宝典的光律学晶钻头灯组:光束经过反射光律内镜反射后,光线更集中;远光灯点亮时,近光灯同时接通,使灯光照明既亮又宽,大大提升行驶安全性
	动作2	销售顾问鼓励客户动手:试一试透明PC取代压制玻璃,加上UV超硬度镀膜(防紫外线,保证PC不易老化),增加耐冲击性,体现福特安全造车理念及严格的福特质量管理体系
项目4:高穿透力强光雾灯	动作1	销售顾问弯腰,手指向高穿透力强光雾灯
	话术	●09款宝典内嵌式圆形雾灯,小巧玲珑,与车身整体造型和谐一致,照明效果更好。 ●在恶劣的天气或起雾下行车,富有高穿透力的雾灯可有效提高驾驶安全性
	动作2	销售顾问鼓励客户提问:销售顾问引出起雾是空气中有大量的水分子,一般灯光照射会发生反射,只有高穿透力的雾灯才能有效穿透雾气(浓雾能见度低时,请遵守交通指示)
项目5:全新造型的前保险杠	动作1	销售顾问弯腰,手指向全新造型的前保险杠
	话术	全新设计的前保险杠与车身同色,在强调整体美感的同时,增强了内衬钢梁吸能防撞作用,时速低于15 km/h的轻微碰撞,前保险杠不易受损及变形,减少维修成本
	动作2	销售顾问热情鼓励客户动手:触摸JMC标志性的镀铬进气格栅,强调九年柴油皮卡销量冠军!(介绍宝典品牌及实力铸就辉煌业绩)了解宝典的实力。江铃·宝典的市场保有量已经远远超过10万辆,激发客户对宝典感性的购买欲望

拓展三　展车右前方

当发动机机舱介绍完毕后,随即引导客户来到展车右前方(见图2-17)。

图 2-17

引导客户至展车右前方	边走边说:	宝典车系引进全套五十铃原装生产线,结合美国福特产品开发管理流程,共享福特全球技术平台,福特工程师更是积极地全程参与09款宝典的外观设计、研发、生产、验证过程,遵循福特FPDS产品开发流程,产品在开发过程中,有累计超过1200万公里的各种验证及耐用测试。严格的福特质量管理体系及千锤百炼的品质,是其他品牌无法相提并论的
项目1:ABS防抱死装置	动作1	销售顾问指引:从宝典轮胎规格15英寸(1英寸=2.54厘米)五幅式动感铝圈搭配215/70/15R说起
	话术	●09款宝典标配制动防抱死系统(ABS)可保证汽车在制动时的操纵稳定性和制动效果,使汽车在任何路面上制动时都能保持良好的转向能力,并且防止甩尾和侧滑。 ●加上可起到1:8倍踏板增力的真空制动助力泵,以及直径257 mm大型制动盘,制动灵敏,散热效果好,热稳定性高。 ●所以我建议您购买车辆时一定要带标配制动防抱死系统配置的车款,确保有效制动
	动作2	销售顾问鼓励客户提问:市场上很多小轿车上都有ABS,标配在皮卡上不多,目前市面上就您知道的有几款?09款宝典ABS采用新一代控制系统、电子式三通道,制动噪声低,升压过程平稳,操纵稳定性和制动安全性更好,所采用的ABS系统比一般小轿车的ABS系统版本还要高(搜集竞品信息,推敲客户意向车款,进而作专业的竞品分析)

续表

	动作1	销售顾问:拉开镀铬门把手打开车门,让客户目视一体式车门设计
项目2: 车身车门 制造技术	话术	●全套引进五十铃原装生产线和生产工艺,融合福特安全造车理念; ●精选上海宝钢冷轧钢板,大众帕萨特即采用此种钢材,真材实料,刚性佳; ●在车门内看不到的地方,有加强型四门防撞钢梁设计,平时可减少路面传来的震动及噪声,尤其在意外发生侧撞事故时,能有效保护车内乘员安全,将伤害降至最低; ●整体车身经阴极电泳处理,十年防锈,确保耐用; ●10万级无尘车间,全机器人自动喷涂,在国内所有皮卡厂商里,只有江铃是这么做的,唯一的一家,色泽均匀,漆面光滑; ●用户赞不绝口的耐用口碑,是宝典连续九年销售冠军的关键之一
	动作2	销售顾问指向车门警示灯,说明下车时安全照明及警示后方来车,确保安全
项目3: 前悬挂 系统	动作1	销售员弯腰,手指向前悬挂系统
	话术	得益于江铃与福特公司联合建立跨国开发平台,经福特悬挂专家调校的双横臂扭杆独立悬挂,提高了整车抗侧倾能力及车辆的稳定性,使得操控、舒适、安全取得绝佳的平衡。
	动作2	销售顾问鼓励客户试乘试驾;询问客户今天是否有时间试驾?准备进入试乘试驾流程(提起客户兴趣)
项目4: 无盲区 双曲率 外后视镜	动作1	销售顾问指向可折式无盲区双曲率外后视镜(鼓励客户动手试一试)
	话术	●外后视镜采用无盲区双曲率设计,扩大了后方视野及安全性,流线型外形使气流导向于外后视镜上下方,有效降低高速行驶时的风噪,大大提高NVH值(降噪工程分值)。 ●可折式设计,减少停车后被擦碰的概率,从细节处关护您的爱车
	动作2	销售顾问演示:可折式无盲区双曲率外后视镜(鼓励客户动手试一试)
项目5: 四门 单触式 电动窗	动作1	销售顾问指向电动窗自动关闭器
	话术	●在左前门上增加四门车窗中控功能,随时控制四个车窗的开关; ●配有电动窗自动关闭器,在驾乘人员锁车后,如车窗未关闭,15秒钟后将自动关闭车窗,是一种相当体贴的关爱设计; ●销售顾问:您是否经常有下车回家后,不敢确定车窗是否关闭的经历?尤其在下雨天!
	动作2	销售顾问演示:电动窗自动关闭器功能

拓展四 展车正后方

走到中间时,先介绍运动休闲双用架,销售顾问很自信地向客户推介它的好处,然后再走到正后方(见图2-18、图2-19)。

项目二　车辆介绍与销售

图 2-18

图 2-19

引导客户至展车正后方		边走边说：宝典具有国内首创货厢耐磨胶涂层，是所有皮卡产品中最厚实耐用的，其他品牌耐磨涂层只是一般涂漆或普通橡胶垫，比起其他品牌节省了相当大的维修费用
项目1： 货厢内覆耐 磨胶涂层	动作1	销售顾问再次自信地伸出大拇指，指出这就是江铃国内首创的货厢耐磨胶涂层
	话术	●于2003年初，国内首创货厢耐磨胶涂层，采用特殊材料，经久耐磨，喷涂均匀，不易脱落，能有效保护货厢表层和货物，使货物在运送过程中降低损失； ●同时也有效降低行驶噪声
	动作2	销售顾问鼓励客户动手：请客户触摸耐磨胶涂层（寻求客户认同）
项目2： 工作休闲双用架	动作1	销售顾问指向货箱及工作休闲双用架，探询客户除了平日忙于工作外，假日时有何兴趣
	话术	●09款宝典所设计的工作休闲双用架，从设计、测试到生产，都经过福特产品开发管理流程及福特质量管理体系的严格监控，确保结实耐用； ●工作休闲双用架外形美观，加上双层结构的货箱，集安全、工作、休闲等超强功能于一体； ●所以我建议您购买皮卡时，一定要带有工作休闲双用架配置的车款，可以彰显您的个人品位及风格； ●结合客户的兴趣，交流一些车以外的话题，使销售顾问与客户情感因素更为稳固
	动作2	销售顾问指向07款皮卡展车相互比较（寻求客户认同）
项目3： 美学双层 红白尾灯组	动作1	销售顾问指向美学双层红白尾灯组
	话术	09款宝典所设计的美学双层红白尾灯组是转角转向灯、刹车灯、倒车灯三位一体化组合，采用红白相间设计，不论白昼或黑夜，大幅提升后方车辆20%的辨识率，红、白搭配，增添整车动感
	动作2	销售顾问指向安装在货箱尾部的后雾灯，起雾时安全警示后方车辆

续表

	动作1	销售顾问指向江铃原厂倒车雷达
项目4：倒车雷达	话术	●不要小看倒车雷达，前几天我有个用户，是X牌皮卡，也有倒车雷达，倒车时警示不准，误伤了邻居小朋友，现在小朋友还在医院，用户非常自责； ●09款宝典原厂倒车雷达的特色是，精准、不误报、耐用、双传感器设计，原厂倒车雷达无探测盲区，不论是倒车、停车都是您的好帮手
	动作2	销售顾问提问原厂倒车雷达最大利益是什么？ 高质量、精准、不误报，可降低因倒车、停车不小心所造成的维修成本（寻求客户认同）
	动作1	销售顾问动手打开车尾门
项目5：一体式尾门	话术	09款宝典新颖美观的一体式尾门，后车门锁止结构采用X、Y、Z三方向定位，尾门锁更加牢固，减少行驶过程中产生的噪声。两端采用的钢片结构简约，整体感觉相当时尚。载长货物时更可调节使用
	动作2	销售顾问提问客户平常的使用目的，更深入了解客户的购买动机

拓展五　展车车后座

当展车正后方介绍完毕后，引领客户进入车后座（见图2-20）。

图2-20

引领客户进入展车车后座		边走边说：很多从事钢材及五金用户说过，宝典的载重能力强（承载2吨多的钢材）而且车头还不会飘，宝典的操控性与通过性相当好（转述深圳用户调研对宝典的美誉度）。温馨提示：建议客户依照标准载重
	动作1	销售顾问指向后悬架
项目1：后悬架	话术	09款宝典的后悬架，是经福特公司的悬挂系统调校专家调校，钢板弹簧结构的独立悬挂，配合先进的ABS制动系统，通过感应后轴的重量自动调节前后刹车力分配，不论是载重或是空载，提供绝佳的承载能力及操控性能
	动作2	销售顾问鼓励客户提问（客户平常的载货空间或载货重量），更深入了解客户的使用目的

续表

项目2： 后排空间	动作1	销售员打开后车门(让客户体验后排空间)
	话术	●09款宝典采用前座低、后座高的人体视觉工程学，具有防晕车功能； ●人体工程学座椅，依循人体工学所设计，特殊泡棉座椅支撑人体乘坐点，更能有效地降低乘坐疲劳； ●后排宽敞，座椅靠背向前放倒设计更增加后排实用性
	动作2	销售顾问演示：演示后排座椅靠背向前放倒功能，并指出六碟CD机、三角警示牌及灭火器安装处
项目3： 全座可调式 安全头枕	动作1	销售顾问指向全座可调式安全头枕
	话术	●江铃传承福特的安全造车理念，所有座椅均配备高度可调的安全头枕，高低可依照个人需求进行调整； ●与人体工程学座椅配合，除了提供绝佳的舒适性外，安全才是最大的设计考虑，人的颈椎是非常脆弱的，尤其是发生意外追尾时，安全头枕能有效降低撞击带来的颈部伤害，可见江铃对安全的细究
	动作2	销售员演示：(鼓励客户动手体验)全座可调式安全头枕
项目4： 防爆 安全油箱	动作1	销售顾问指向防爆安全油箱
	话术	●09款宝典的防爆油箱，在意外发生撞击时，可承受80 km/h时的撞击力，感应器在撞击后，会自动将油路切断，该设计极大地提升安全性； ●油箱采用特殊工程钢材，不生锈，确保油料质量
	动作2	销售顾问：强调80 km/h时的撞击力，感应器在撞击后会自动将油路切断
项目5： 贴心后排关爱设计	动作1	销售顾问指向可折叠式乘客内拉手、后座独立式室内阅读灯、烟灰盒
	话术	●09款宝典设计的乘客软化内拉手，手感舒适，不用时拉手自动弹回，呈折叠状态，使头部空间不会有压迫感，最重要的是在路途颠簸时，不会有撞头的危险； ●后座独立式室内阅读灯，在后左、右车门上各安装有一个烟灰盒，更体现江铃对用户贴心后排关爱设计
	动作2	销售顾问鼓励客户动手体验乘客内拉手的舒适手感

拓展六　展车驾驶座

打开驾驶座车门，引领客户进入驾驶座(见图2-21)。

图2-21

项目		内容
项目1：全智能中控锁	动作1	销售顾问演示：先将四门电动窗放至最下端，然后演示遥控器，逐一将四门电动窗关闭
	话术	09款宝典的全智能中控锁，并配有自动关闭器，分别按右后、前、左后、前顺序依次关闭所有车窗，下车时忘记关闭车窗，只要遥控器在手，一键搞定。寻车功能，在大型、不熟悉的停车场，可以快速便捷寻找自己的爱车
	动作2	销售顾问鼓励客户动手：让客户亲自遥控演示一次
项目2：防潜滑座椅	动作1	销售顾问鼓励客户动手：请客户根据不同的体型自己调整座椅至最舒适的位置
	话术	●09款宝典前排座椅可根据不同的体型，进行前、后、上、下4个方向的调节； ●与预紧式安全带协同，在发生碰撞时防止驾驶员滑落，导致膝盖骨受伤，有效阻止冲击力的传播，从而保护驾驶员的安全
	动作2	销售顾问指向全新绒布面料的座椅，它与整体内饰和谐搭配，乘坐更为舒适，透气性更强，通过座椅人体工程学与防滑设计，再次强调09款宝典的全面的安全防护，这是对用户绝对的安全保障（寻求客户认同）
项目3：目不离路设计	动作1	销售顾问指向挡风玻璃
	话术	09款宝典驾驶台目不离路设计，是让驾驶人可专注驾驶，中控台面板一目了然，并将按键加大，驾驶人不用低头，只用眼睛余光，伸手操作即可，有效提高驾驶人的注意力，提高行车安全
	动作2	销售顾问鼓励客户：可以操作仪表台任何开关或按钮
项目4：安全气囊系统	动作1	销售顾问指向标配驾驶座安全气囊（DAB）
	话术	●09款宝典标配的DAB； ●当意外发生碰撞时，SRS电脑（SRS ECU）会发出指令，将安全气囊打开，在人体与车内物体之间形成一个气垫，从而达到保护人体的目的； ●这是一种被动安全辅助功能，一定要与预紧式安全带一起使用，这样才能保护驾驶员的生命安全； ●意外发生仅仅是一眨眼时间，驾驶人在极短时间内是无法有效处理的，安全气囊将在最需要的时候保护生命； ●09款宝典顶级全面安全防护，在您及家人驾乘过程中，对行车安全有绝对的踏实感； ●所以我建议您购买车辆时，一定要带有安全气囊配置的车型
	动作2	销售顾问：设定购买标准（建议客户购车时一定要选择安全气囊系统与ABS等配置）
项目5：全新仪表台总成设计	动作1	销售顾问提问：（客户握住09款宝典的方向盘的感觉如何）准备邀约试驾流程
	话术	●09款宝典采用流行的轿车式设计风格理念，钛银色仪表底板以及黑色表盘相配合，绿色背光易读指针仪表盘，使得所有信息显示一目了然； ●车内信息显示器具有详细显示车内外实时温度、车门未关状态、刹车灯断丝报警等功能，比一般小轿车的功能还丰富
	动作2	销售顾问诚心邀约客户试乘试驾（依据SUP试乘试驾流程）

拓展七　展车正前方

引导客户来到展车正前方,慢慢打开发动机机舱(见图 2-22)。

图 2-22

引导客户打开发动机机舱前先概述引导			江铃投资数千万元建立了功能齐全的发动机实验室,在发动机性能测试、排放测试、冷启动测试、可靠性耐久试验等方面处于国内先进水平。并与福特公司联合建立跨国开发平台,通过与多家国际顶尖发动机技术开发商、制造商建立了合作伙伴关系,包括德国博世公司、奥地利 AVL 公司及德尔福等,一系列国际前沿的发动机技术在江铃得到率先应用
项目 1: 发动机机舱合理排列设计		动作 1	销售顾问更自信地伸出大拇指:这是全国最节油的皮卡——江铃宝典
		话术	●09 款宝典采用福特安全造车理念,发动机机舱采用分层溃缩理念设计,分别使用三种不同的钢材,即高刚性钢材、超高刚性钢材和特殊钢材,当受到意外事故时,发动机机舱结构分层溃缩,发动机下沉,形成车头碰撞吸能区; ●所以我建议您购买车辆时,一定要带有车头碰撞吸能区配置的车型
		动作 2	销售顾问指向发动机 TDCI 的标志,江铃的领先高效动力,发动机机舱组件合理排列,除了整体质量过硬,下沉式发动机的安全更是了得
项目 2: 经典五十铃 4JB1 欧 III 柴油发动机		动作 1	销售顾问指向经典五十铃 4JB1 发动机、欧 III 柴油发动机
		话术	●江铃率先在国内引进五十铃汽车及 4JB1 发动机、生产工艺、生产线。江铃才是原汁原味国内 4JB1 发动机的鼻祖,不是国内其他低端品所仿制的 4JB1 所能比拟; ●经典五十铃 4JB1 发动机,市场反应有口皆碑; ●低转速时输出 210 N·m/2200 r/min 扭矩,68 kW 的功率,二挡即可起步、重载、高速行驶、爬坡及低速段加速都十分合乎国内的使用工况
		动作 2	销售顾问鼓励客户提问:市场上皮卡销量最大的黄金排量是多少?　引出:皮卡的黄金排量为 2.8 L(寻求客户认同),依据皮卡的车重马力比及用户的实际使用,2.8 L 排量的动力、承载能力、油耗等最佳匹配,为市场上客户的最爱

续表

项目3： 德国博世 电控高压共轨 燃油喷射系统	动作1	销售顾问弯腰，指向发动机装饰盖上TDCI标志
	话术	●09款宝典采用德国博世公司最新版本的"电控高压共轨燃油喷射系统"，该系统对燃油实施电脑精算调节，针对不同工况，行车电脑调节产生最佳喷油量和喷油压力，使柴油完全燃烧，降低震动和噪声，提升整车的加速性能； ●配合博世公司最新的EGR废气循环系统，通过排气管上的氧化催化器，全面减少有害气体和颗粒物的排放
	动作2	销售顾问说明："共轨"是通过公共供油管同时供给各个喷油嘴，喷油量经过行车电脑精确计算，同时向各个喷油嘴提供同样质量、同样压力的燃油，使发动机运转更加平顺，从而优化柴油机综合性能。而传统柴油发动机由各缸各自喷油，喷油量和压力不一致，运转不均匀，造成燃烧不平稳，噪声大，油耗高
项目4： 发动机盖 隔音衬垫	动作1	销售顾问弯腰，指向发动机盖隔音衬垫
	话术	江铃造车是按照福特及五十铃造车规范，坚决采用优质的绝缘、阻燃发动机盖隔音衬垫，阻隔发动机高温及噪声
	动作2	销售顾问鼓励客户提问：市场上用户反映最耐用的皮卡是哪款？引出：江铃造车实在可靠。寻求客户对江铃品牌的信心
项目5： 百公里油耗/ 开车成本	动作1	销售顾问提问：您知道在2005年8月30日江铃汽车第四届节油大赛全国总决赛，最节油的车百公里油耗是多少升？
	话术	●在2005年8月30日江铃汽车第四届节油大赛全国总决赛暨"10升油穿越海南"挑战赛上，来自全国各地的55名江铃用户，驾驶江铃宝典全部成功穿越从海口到三亚的比赛路段，其中大连选手刘先生仅用6.44升柴油跑完240公里赛程，创造了江铃宝典百公里耗油2.68升的佳绩！ ●江铃宝典每百公里的油耗在5～8 L之间（综合各种路面使用情况），与同等动力的其他车型相比，耗油少5～7 L。以此估算，每辆车跑10万公里至少能节油5000升，按现在的油价，即省3万元以上。以每辆车行驶30万公里计算，宝典每辆车可节约9万元
	动作2	销售顾问：拿出准备好的2005年8月30日江铃汽车第四届节油大赛全国总决赛暨"10升油穿越海南"媒体文章（寻求客户认同），江铃宝典是所有皮卡中最节油的，并再次确认客户需求是要汽油机还是要柴油机

任务二 汽车销售

 任务描述

汽车销售是在市场的基础上,结合汽车(见图2-23)行业的特点和发展规律,将管理知识与汽车工程领域知识的有机结合。汽车营销业务分为三个阶段:售前、售中、售后。售前主要是包括车辆的物流业务和销售人员的准备工作;售中是销售的主要环节,包括接待客户、展示车辆、商谈价格等;售后是销售终点,也是下次销售的起点,主要包括车辆的保险服务、维修保养服务等,以及车主的回访、信息反馈。

图 2-23

 **任务目标**

(1)掌握整车销售流程。
(2)熟悉汽车销售方法。

 **任务分析**

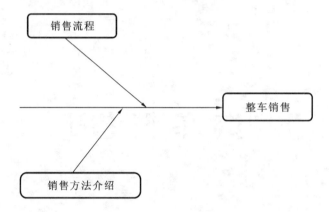

 **任务实施**

实施一　任务准备

新车一辆、与车辆相关技术性资料及其他资料(见图 2-24)。

图 2-24

实施二　任务实施

具体任务实施如图 2-25 所示。

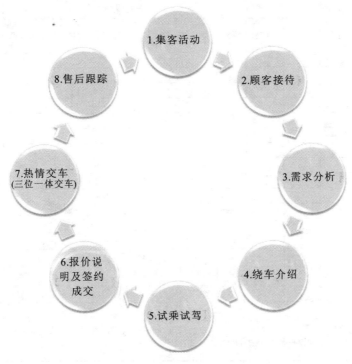

图 2-25

(1) 集客活动,如图 2-26、图 2-27、图 2-28 所示。

- 通过多种方式发掘潜在顾客,主动诱导,必要时登门拜访或服务顾客

- 加强吸引顾客来店参观、商谈、参加活动、试乘试驾

- 进一步开发老顾客,促进二次购车,提高顾客满意度和忠诚度,形成终身顾客群

图 2-26

销售活动访问日报表

达成目标：我每日必须拜访客户 _____ 人以上　　　　　___年___月___日

拜访数	早会前计划拜访					晚会前工作检讨		销售经理追踪客户及提示销售的重点
	时间	客户姓名	电话	已访数	等级	拜访结果（试车、售车、成交、效绩）	拜访日期	
1								
2								
3								
4								
5								
6								
7								
8								
9								
10								
11								
12								
13								

本访日人拜数		月拜统访计数	人次	本月目标	台	预计达成	订单	台	主管		业务代表	
	人次						交车	台				

备注：(1) 促进：促进 B 级以上意向客户成为成交客户；
　　　(2) 追踪后选 B 级以上客户时，应建立意向客户管理卡，同时转入意向客户级别状况表进行管理；
　　　(3) 成交客户转入保有客户管理卡及 DMS 系统卡。

图 2-27

月份意向客户级别状况表

销售顾问：

序号	客户名称	初洽日期	电话	车型	来源	上月留存			访问时间及每次促进后的级别鉴定																										促进结果
						H	A	B	1	2	3	4	5	6	7	8	9	10	11	12	13	14	15	16	17	18	19	20	21	22	23	24	25	26	27	28	29	30	31	
1																																									
2																																									
3																																									
4																																									
5																																									
6																																									
7																																									
8																																									
9																																									
10																																									

备注：(1) 初洽日期，指第一次与客户洽谈的日期；
　　　(2) 来源分析说明：R—VIP 购车；S—来店；I—来部情报；E—员工购车；P—展示会；
　　　(3) 促进结果：即每月末的客户级别，洽谈失败要分析原因，未成交客户一律转入下月本表中重新进行管理；
　　　(4) 当月每日新发生的客户都应该在本表中填写，并注明级别；
　　　(5) 根据不同级别的客户确定访问日期，在确定的访问日期栏内注明，在访问后注明等级

图 2-28

(2) 顾客接待(见图 2-29)。

(3) 需求分析。

通过聆听来获取信息(见图 2-30、图 2-31)。

图 2-29

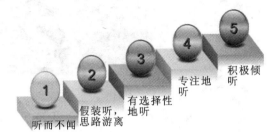

图 2-30

来店(电)客户登记表										
年　月　日								销售顾问		
顾客编号	客户姓名	联系电话	拟购车辆	意向级别	来店来电	来店(电)时间	离去时间	经过情形	追踪后级别	战败原因
					来店( ) 来电( ) 其他( )					
					来店( ) 来电( ) 其他( )					
					来店( ) 来电( ) 其他( )					
					来店( ) 来电( ) 其他( )					
					来店( ) 来电( ) 其他( )					
					来店( ) 来电( ) 其他( )					
					来店( ) 来电( ) 其他( )					

备注:(1) 拟购车型　来店看车欲购车型;
　　　(2) 意向级别　来店看车当场接洽判定级别;
　　　(3) 追踪后级别　营业人员在 24 小时内作资料真实性及第二次级别确认;
　　　(4) 经过情形　由值班业务代表对当日接洽状况简述;
　　　(5) 追踪后达 B 级以上时,应建立意向客户管理卡,同时转入意向客户级别状况表进行管理;
　　　(6) 成交后的客户转入保有客户管理卡及 DMS 系统

图 2-31

(4)绕车介绍(见图2-32)。

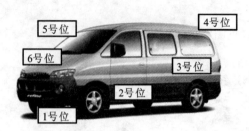

图 2-32

1号位是车的45度角；

2号位是驾驶座的位置；

3号位是后排座；

4号位是车的后部；

5号位是车的正侧面；

6号位是引擎盖打开里边的部分,即发动机室。

> 客户参与——听、摸、闻、看、坐

(5)试乘试驾。

①车辆及文件的准备(见图2-33、图2-34)。

试乘试驾同意书

经销店名称：＿＿＿＿＿＿＿＿＿＿＿＿＿＿

试乘试驾车型：＿＿＿＿＿＿＿＿＿＿＿＿＿

致：

  本人于___年__月__日在＿＿＿＿＿＿＿经销店参加＿＿＿＿车型试乘试驾活动,特此作如下陈述与说明。

  本人在试乘试驾过程中将严格遵守行车驾驶的法规和要求,并服从公司的指示、安全、文明驾驶,尽最大努力保护试乘试驾车辆的安全和完好,否则,对贵公司造成的一切损失,将全部由本人承担。

试驾人姓名：＿＿＿＿＿＿＿

驾驶证号码：＿＿＿＿＿＿＿

联系地址：＿＿＿＿＿＿＿

联系电话：＿＿＿＿＿＿＿

电子邮箱：＿＿＿＿＿＿＿

图 2-33

试乘试驾车台账									
序号	客户信息				试驾信息				销售顾问
	客户姓名	证件类型	证件号码	意向车型	试驾车型	试驾时间	试驾里程	试驾意见	
1									
2									
3									
4									
5									
6									

图 2-34

②路线的规划(见图 2-35)。

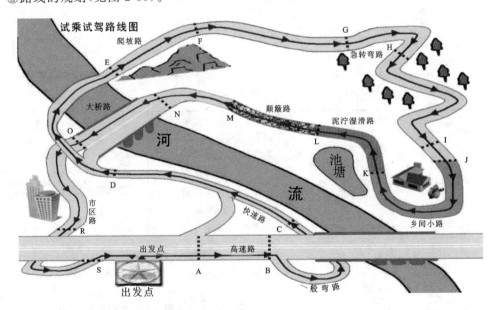

图 2-35

③试驾检验表(见图 2-36)。

试乘试驾点检表														
点检内容		月日		月日		月日		月日		月日		月日		
		是	否	是	否	是	否	是	否	是	否	是	否	
外观	车身是否清洁													
	是否符合试乘试驾要求													
	车身是否有刮痕或碰撞													
	轮胎气压及磨损是否正常													
	大灯、方向灯、后视镜是否损伤													
	车牌是否污损													

图 2-36

试乘试驾点检表													
点检内容		月 日		月 日		月 日		月 日		月 日		月 日	
		是	否	是	否	是	否	是	否	是	否	是	否
座舱内	脚垫、烟灰缸、中央扶手等是否清洁												
	刹车踏板是否正常												
	引擎启动状况是否正常												
	邮箱存量是否一半以上												
	头灯、方向灯、刹车灯是否正常												
	驾驶座各项调整动作的功能是否正常												
	车内饰品是否齐备完好无损												
	音响功能是否正常												
	空调功能是否正常												
发动机室	刹车油量是否正常												
	发动机测量是否正常												
	玻璃清洗剂量是否正常												
	水箱冷却水量是否正常												
	电瓶和皮带是否正常												

续图 2-36

序 号	销售执行项目		执行关注重点	支 持 工 具
1	试驾前	试乘试驾的准备 试驾前的概述	车辆安排 路线核查 文件准备 人员准备	试驾车辆检查表 试驾路线图、记录表、同意书
2	试驾中	安全驾驶 产品性能体验	介绍话术	
3	试驾后	促进成交 收集客户反馈信息 填写客户信息卡(A 卡)	客户成交率分析	客户信息卡(A 卡)

(6)报价说明及签约成交(见图 2-37)。

序 号	销售执行项目	执行关注重点	支 持 工 具
1	销售价格商谈	确认库存信息	库存状况表
2	制作合同与签约	内容确认、认可 安排车辆	商谈报价单 新车订购单
3	订金手续		
4	余款处理 (交车日期安排)	关怀、确认	

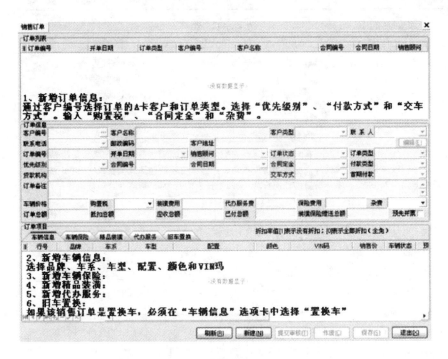

图 2-37

(7)热情交车(三位一体交车)(见图 2-38)。

图 2-38

交车流程如图 2-39 所示,交车确认单如图 2-40 所示。

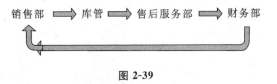

图 2-39

交车确认单

车主姓名：	牌照号码：	发动机号码：
车　型：	车　色：	交车日期：
地　址：		移动电话：
电话：(宅)　　　　(公　司)		销售顾问
电子邮箱：		

一、先感谢您对江淮汽车的厚爱，并恭喜买新车赚大钱。在您使用这部车辆之前，让我们来为您的爱车做点交及说明。
二、车主在签收车辆以前，下面各项证件点交及功能操作均属经过销售顾问详细点交及说明，请车主确认并签收。
三、若有委托交车代理人，在交车手续所做的任何行为，视同委托人的行为，车辆离开公司概由委托人负责。

1. 交车前准备：□PDI 检查
2. 证件点交：　□行驶证　□保险单　□领牌材料入籍单
3. 费用说明及单据点交：□发票　□购置税　□车船税　□其他（　　）
4. 使用及服务保证手册点交及内容说明：□使用手册说明　□财务保证内容　□紧急情况处理
   　　　　　　　　　□定期保养项目表　□免费服务电话　□24小时救援服务　□免费保养内容说明
5. 介绍服务站：□营业地点　□营业时间　□介绍服务经理、服务顾问
6. 车辆内外检查：□车内整洁　□外观整洁　□配备　□千斤顶　□工具包　□备胎　□其他　□音响
   　　　　　　　□特有配备(CD、安全气囊　□ABS、电动天窗)　□发动机机盖　□行李箱　□油箱盖
7. 交车礼品赠车：□（　　）
8. 温馨的特别服务：□预约回站　□拍照留念　□其他（　　）

保险费：
税金(总计)：
其他费用：
其他选配服务费：

以上请车主确认无误后签名。
说明：本单一式两份，客户和销售服务商各存一份，销售服务商至少保存两年。

　　　　　　　　　　　　　　　　　　　　　　　　　　　　年　　月　　日

销售顾问/销售经理：

图 2-40

(8) 售后跟踪。

一照，就是他卖车给客户之后照相；

二卡，就是给客户建立档案；

三邀请，就是他一年要请这个客户到他们公司来三次，包括忘年会、这款汽车文化的一些活动、自驾游等。

四礼，就是一年当中有四次从礼貌的角度出发去拜访客户，包括生日、节假日等；

五电，就是一年当中要给客户最少打五次电话，问客户车况如何，什么时间该回来做维修保养等，同时打电话问候客户；

六经访，就是一年当中基本上每两个月要去登门拜访一次，没事儿也没关系，就感谢他买了你的车，你路过他这儿就来看看他，这个客户也会感动的。

实施三　任务检测

制定汽车销售方案,进行汽车销售。

任务评价

任务评价表

班级:　　　　　　　组别:　　　　　　　姓名:

项　目	评价内容 (请在对应条目的○内打"√"或"×",不能确定的条目不填,可以在小组评价时让本组同学讨论并写出结论)	评价等级(学生自评)		
		A 全部为√	B 有一至三个×	C 有多于三个×
关键能力自评	○按时到场　　　　　　　学习期间不使用手机、不玩游戏○ ○工装齐备　　　　　　　未经老师批准不中途离场○ ○书、本、笔齐全　　　　　　　　　　无违规操作○ ○不追逐打闹　　　　　　　　　　　　　无早退○ ○接受任务分配　　　　　　先擦净手再填写工作页○ ○不干扰他人工作			
	○工作服保持干净　　　　　　　无安全事故发生○ ○私人物品妥善保管　　　使用后保持工具整齐干净○ ○工作地面无脏污　　　　　能及时纠正他人危险作业○ ○工作台始终整洁　　　　废弃物主动放入相应回收箱○ ○无浪费现象　　　　　　未损坏工具、量具及设备○ ○参与了实际操作			
	○课前有主动预习　　　　本小组工作任务能按时完成○ ○与本组同学关系融洽　　　　　主动回答老师提问○ ○积极参与小组讨论　　　　　　　能独立规范操作○ ○接受组长任务分配　　　　　能主动帮助其他同学○ ○能独立查阅资料　　　　　　　不戴饰物,发型合规○ ○工装穿戴符合要求			
专业能力自评	○能按时完成工作任务　　　　　能独立完成工作页○ ○工量具选用准确　　　　　　　没有失手坠落物品○ ○无不规范操作　　　　　　指出过他人的不规范操作○ ○完成学习任务不超时　　　暂时无任务时不无所事事○ ○学习资料携带齐备　　　　　　工作质量合格无返工○			

续表

项　目	评价内容 （请在对应条目的○内打"√"或"×"，不能确定的条目不填，可以在小组评价时让本组同学讨论并写出结论）	评价等级（学生自评）		
		A 全部为√	B 有一至三个×	C 有多于三个×
小组评语及建议	他（她）做到了： 他（她）的不足： 给他（她）的建议：	组长签名： 　　年　　月　　日		
教师评价及建议		评价等级： 教师签名： 　　年　　月　　日		

 相关知识

"试驾"不像"试衣"那么简单，毕竟试驾过程中发生的事故责任很难界定。因此，提醒在试驾时一定要注意以下四个方面，这样才能更好地保护自己的合法权益。

选择专供试驾用的车辆试驾的时候，最好选择已经投保车险的专供试驾用的车辆。因为有些试驾车是待销售的车辆，并没有上保险，一旦出了事故，就需要消费者承担责任。

签署具体协议明确责任。试驾前，签订内容具体、权责分明的试驾协议。例如，车辆发生损伤，是否按修复该车的实际费用赔偿，如果赔偿额高于实际费用可拒签。

按照经销商规定的线路，谨慎试驾。虽然很多试驾都规划了场地，路况相对较好，但试驾时不能因此而放松警惕。

不熟练者不宜试驾。新手也好，拿了驾照却很少碰车的老手也好，都不适合参加试驾。因为驾驶技术不熟练，在驾驶的时候比较紧张，再加上心情激动，很容易出问题，况且这样在试驾的过程中根本就感受不到汽车的性能如何。

 **知识拓展**

2010年汽车营销十大经典案例

【案例1：雪佛兰科鲁兹（见图2-41）挥洒"十一度青春"：80后+微电影的胜利】

这个排名第一的案例，充分体现了目标群体锁定，以及新营销传播模式的重要性。在中国当今社会，"80后"日益成为社会主流群体，他们的生活方式和行为模式，已经成为所有厂商重

图 2-41

点研究和关注的营销课题。谁不讨好"80 后",谁就注定要失败!

而"微"传播模式也成为主流,正是运用了"微电影"这一全新形式,使得这个案例众望所归!不得不说,这的确多少与现今活跃网络中"80 后"的高比例有点关系。

【案例 2:东风风神(见图 2-42)"征服五大洲"品质之旅:事件营销的标杆力量】

图 2-42

榜眼的案例,被自主品牌阵营中东风风神"征服五大洲"品质之旅夺得,也没有出人意料之处。在我们生活的地球上,跨越五大洲和环游世界已经是最长的征途了,而让一个天马行空般的想法变成现实,需要的不仅仅是勇气,更需要的是对自身产品品质的自信和自豪。在东风风神这个自主品牌后起之秀身上,我们看到了这一点,这样的事件营销本身已经不再局限于营销范畴,更多的是企业文化和基因中某种力量的集中体现。这会是什么呢?"霸气"两个字,足以概括!

【案例 3:宝马(见图 2-43)"腾讯世博网络志愿者接力":病毒营销+公益带来好感飞升】

图 2-43

病毒营销如今绝对不是一个热门的词汇,在一些营销者口中,言必称"病毒"已经成为一个通病,有太多为了传播而传播的案例,让消费者开始不得不产生"小心中毒"的戒备心理。所以荣膺探花的案例,宝马腾讯世博网络志愿者接力活动有如此大的影响力,应该让多数营销者感到汗颜。其实道理很简单,上海世博会本身是2010年最大的年度事件,爱心、环保和公益又是当下人人关注的热点,加上中国互联网第一平台腾讯的传播力,本事件想不红都难。

【案例4:帝豪(见图2-44)"见证爱情":平民幸福指数的分享体验】

图2-44

现在"幸福指数"一词,不仅仅是众多草民和新闻媒体关注的事情,而且Gross National Happiness(国民幸福总值),也被列为不少地方政府的施政纲领中。不过似乎最新一项调查表明,中国许多三四线城镇居民的幸福指数要远远高于一二线城市,而这也暗合了以吉利为首的自主品牌渠道下沉的战略。也就是说,让三四线城镇的居民买上车和开上车,他们的幸福将无以言表,如果他们能和大家来一个幸福分享,这将是一件多么具有感染力的事情!果不其然,吉利帝豪就做了这么一件事,让不少人看着别人人生中最幸福的时刻,让他们去分享这样的幸福体验。

【案例5:景逸1.5XL(见图2-45)"天生XL狂":旧瓶装新酒的营销井喷】

图2-45

把老车包装一下,当新车来卖不稀奇,稀奇的是,真能把包装后的老车,卖得比老车还要好,这是需要功力的。景逸就做到了这一点,1.5XL没有上市前,景逸也就是一个非主流的轿车化MPV(因为其真的是MPV!),1.5升排量产品上市后,借助"XL超大号"的营销主题概念,让"XL"的"大"成为一个主打卖点,加上平易近人的价格,销量飞升就顺理成章了。要知道,多数中国人还是喜欢"大",因为有面子!这个案例充分说明,如果有好的营销规划,就没有卖不出去的产品。

【案例 6：吉利熊猫（见图 2-46）"1 元抢购"：团购的营销威力】

图 2-46

十大营销案例中，吉利竟然占据两席，这也足以值得骄傲了。在帝豪"见证爱情"案例中，主要体现了吉利对普通购车消费者想法的深刻把握，而吉利熊猫"1 元抢购"，则完全体现了吉利对营销新手段的运用。团购作为一个新事物，在还未被广大社会公众所接受的情况下，吉利熊猫就开"团"，足以说明吉利营销人员的市场敏感度。先不管"1 元"价格到底能不能"秒"到车，单单吸引到的千万人次的关注，就绝对值了。这还不够吗？

【案例 7："网络竞猜世界杯八强，赢东风标致 207 轿车（见图 2-47）"：无需理由的球迷营销】

图 2-47

估计在世界杯期间，即便是没有轿车大奖，也会有不少人臆测冠军和为心爱球队加油。如果猜对八强，可以赢一辆轿车，那自然参与人数不会低，多数人可能不在乎大奖，只在乎热情参与，所以整个活动效果可想而知了。

【案例 8：东风雪铁龙（见图 2-48）（微博）世嘉"微互动，炫影响"：微+炫的营销结合】

图 2-48

在 2010 年汽车营销关键词总结中，"微"和"炫"是两个营销人员最值得关注的营销方法和营销结果，而结合这两个词的东风雪铁龙世嘉案例排名有些低了点。这也许是营销方法和手段创新力足够,事件和时机结合点还略微有些欠缺吧。所以,在2011年,"微互动"方式的运用甚嚣尘上,而最终都是让消费者产生"炫"的印象,这样的活动将成为主流,看看谁最会"炫"吧!

【案例9:宝马"BMW之悦静态电影":品牌理念的完美营销贯彻】

宝马自从开始定调全新的"BMW之悦(见图2-49)",为整个宝马中国区域的新品牌形象后,就开展了一系列的营销行动,而几乎所有的动作,都是围绕这个"悦"字来展开的。这个案例之所以名列前十,不是因为这是宝马执行的营销活动,更主要的是宝马将全新的品牌理念贯彻得十分彻底所致。这其实还是告诉我们一个基本原理:营销,就是要大声且始终地说一个事情!

图 2-49

【案例10:雪佛兰乐驰(见图2-50)"贫民两个月薪水买车记":不凡的视频营销】

图 2-50

一般人用两个月薪水买辆车?估计是天方夜谭吧,而借助GMAC金融贷款政策,"8800元首付,轻松拥有乐驰"就成为一个大大的"标题",相信不被这个标题吸引的人是很少的。用一个小男生存了两个月薪水给女朋友买订婚礼物的视频小故事,吸引眼球的同时,广告效果也就不用很刻意地制造了。这个案例还告诉我们,要大大重视网络视频广告的效果,这个新兴形式如果运用得好,会产生意想不到的效果。

项目小结

(1)车辆六方位介绍:1号位是车的45度角;2号位是车的正侧面;3号位是车的后部;4号位是后排座;5号位是驾驶座的位置;6号位是引擎盖打开里边的部分,即发动机室。

(2)客户心理分析。
(3)FAB 介绍法。
- Feature:产品或服务的特性或属性,如后视镜的自动折叠、侧气囊、ABS+EBD 等。
- Advantage:产品的某项特性与其他产品相比的优势。
- Benefit:产品的特性和优势可以给客户带来的利益或好处。

(4)FBSI 销售法。
- F:我们拥有什么样的配置。
- B:这项配置能给客户带来什么好处。
- S:引导客户亲自感受。
- I:一个具有冲击性的情境。

销售流程:集客活动、顾客接待、绕车介绍、商品说明、试乘试驾、报价说明与签约成交、热情交车、售后跟踪。

 综合测试

一、单项选择题

1.汽车市场营销的定义是:汽车相关企业或个人通过市场调查和预测顾客需求,把满足其需求的商品流和服务流从制造商引向顾客,从而实现其目标的过程。这一定义的出发点是( )。
  A.顾客   B.制造商   C.汽车产品   D.汽车销售员

2.汽车经销企业所经销的商品是( )。
  A.汽车   B.汽车实体产品+服务
  C.服务   D.好的经营理念

3.选择市场调查的对象可以采用将总体分成若干部分,随机抽取其中一部分为样本,并对该部分的全部单位进行调查的方法。这种方法是( )。
  A.简单随机抽样   B.分层随机抽样
  C.分群随机抽样   D.等距离随机抽样

4.有一家汽车公司在某地设置多家 4S 专营店,这种分销渠道系统属于( )。
  A.扁平式宽渠道系统   B.长渠道系统
  C.窄渠道系统

5.汽车整体服务是指( )。
  A.售前咨询服务 B.销售服务   C.汽车售后服务
  D.售前咨询服务、售中销售服务、售后跟踪服务

6.从原则上讲,汽车综合服务必须以( )为导向。
  A.效率   B.利润   C.效果   D.顾客

7.对市场进行 SWOT 分析是汽车企业常用的一种分析方法,它的作用可以概括地表现为( )。
  A.扬长避短、趋利避害   B.了解顾客的真实需求
  C.有利于实现企业的经营目标   D.拓宽思路,开发市场

8.当顾客初次来店时,销售顾问的首要目的是( )。

A. 实现交易 B. 提供技术咨询
C. 实现沟通,取得顾客的信任 D. 端茶倒水,热情接待
9. 为提高销售顾问的工作效率,在进行潜在顾客管理时可以采用的方法是( )。
A. 采用 MAN 法则,对顾客进行分级管理
B. 把精力集中在购买潜力大的顾客身上
C. 尽量和所有的潜在顾客保持联系
D. 根据顾客的来店次数决定其购买的潜力
10. 对城市出租车进行鉴定估价时一般采用的方法是( )。
A. 清算价格法 B. 收益现值法
C. 重置成本法 D. 现行市价法

二、判断题
1. 忠诚的顾客一定是满意的顾客。( )
2. 通过网络获得的市场信息属于第一手资料。( )
3. 连锁销售法是寻找汽车潜在顾客的一种非常有效的方法。( )
4. 在销售过程中顾客的反对意见可以分为真实性反对意见和非真实性反对意见,两种意见的处理方式不同。( )
5. 对即将售出的汽车进行 PDI 检验可有可无。( )
6. 销售渠道给顾客带来的利益是以服务的形式来体现的。( )
7. 对调查对象的提问方式可以分为封闭式问题和开放式问题两大类。( )
8. 实际痕迹测量法是实验法的一种。( )
9. 汽车企业的分销目标是以最少的成本提供目标水准的顾客服务。( )
10. 广告是以付费的方式通过一定的媒体对产品和企业进行宣传的一种促销方式。( )

三、名词解释
汽车产品服务 总认知质量 需求 汽车价格策划 销售促进

四、简述题
1. 简述如何减少在销售过程中顾客异议的方法。

2. 简述汽车销售人员在汽车展示过程中需要注意的主要问题。

3. 简述处理价格异议的方法。

4. 请用利益陈述法解释以下问题。
顾客:××车备有 55 升的大油箱。
顾客:××车装备 ABS 系统。
顾客:这款车太贵了。

项目三

汽车投保方案选择

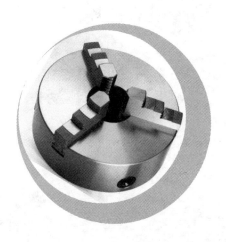

 项目情景

小华刚刚在 4S 店买了一辆起亚 K5，售车员在交车时给小华讲解了新车投保的重要性，并给小华介绍了几种汽车投保产品。面对如此多样的投保产品，小华思考再三最终做出了决定（见图 3-0）。

据权威机构调查发现，我国 95％的车主购买了汽车保险，有的车主甚至买了几份保险。可见，汽车保险已经成为一种特殊的汽车产品和汽车一起进行绑定销售。汽车保险越来越受到人们的重视和青睐。

在本项目中，通过对保险方案选择和投保流程的学习，进一步强化对汽车投保方案选择这一知识点的理解。

图 3-0　汽车保险的选择

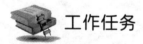 工作任务

任务一　投保方案选择

任务二　车辆保险办理流程

任务一 投保方案选择

任务描述

汽车保险是以保险汽车的损失,或者以保险汽车的所有人或驾驶员因驾驶保险汽车发生交通事故所负的责任为保险标的的保险。汽车保险具有保险的所有特征,其保险对象为汽车及其责任。从其保障的范围看,它既属于财产保险,又属于责任保险。根据汽车及实际情况,合理地选择保险险种,能有效地保护汽车、驾驶员的权益。图 3-1 所示的是汽车保险种类。

图 3-1 汽车保险种类

(1)掌握不同险种对汽车的影响。
(2)能根据汽车实际情况选择合适的保险种类。

任务分析

汽车投保是购买汽车的最后一环,也是最重要的一环。它是车主人身安全和财产安全的"守护神",也是汽车能否上路的重要条件。而投保方案的选择又是汽车投保的关键,好的投保方案不仅能最大利益地保护车主,还能节省车主的汽车保险花费。为此,选择一份性价比好的保险方案就显得尤为重要,也是车主智慧的体现。

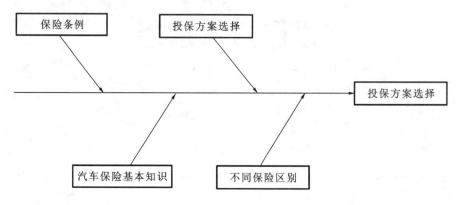

任务实施

实施一　任务准备

(1)新车一辆(见图 3-2)。

图 3-2

(2)汽车投保单。

汽车投保单

	投保人名称/姓名				投保机动车数		辆
投保人	联系人姓名		固定电话		移动电话		
	投保人住所				邮政编码		
被保险人	□自然人姓名：			身份证号码			
	□法人或其他组织名称：						
	组织机构代码				职业		
	被保险人单位性质	□党政机关、团体　□事业单位　□军队(武警)　□使(领)馆　□个体、私营企业　□其他					
	联系人姓名		固定电话		移动电话		
	被保险人住所				邮政编码		
投保机动车情况	被保险人与机动车的关系	□所有　□使用　□管理			行驶证车主		
	号牌号码			号牌底色	□蓝　□黑　□黄　□白　□白蓝　□其他颜色		
	厂牌型号			发动机号			

续表

投保机动车情况	VIN 码				车架号			
	核定载客	人	核定载质量	千克	排量/功率	L/kW	整备质量	千克
	初次登记日期	年　月　日			已使用年限	年	年平均行驶里程	公里
	车身颜色	□黑色　□白色　□红色　□灰色　□蓝色　□黄色　□绿色　□紫色　□粉色 □棕色　□其他颜色						
	机动车种类	□客车　□货车　□客货两用车　□挂车　□低速货车和三轮汽车　□特种车(请填用途)：_____ □摩托车(不含侧三轮)　□侧三轮　□兼用型拖拉机　□运输型拖拉机						
	机动车使用性质	□家庭自用　　　　□非营业用(不含家庭自用) □出租\租赁　　　□城市公交　　　□公路客运　　　□营业性货运						
	上年是否在本公司投保商业机动车保险				□是　　□否			
	行驶区域	□中国境内　□省内行驶　□场内行驶　□固定路线 具体路线：_____						
	是否为还清贷款的车辆	□是　　□否			上一年度交通违法记录		□有　　□无	
	上次赔款次数	□交强险赔款_____次　　□商业机动车保险赔____次						

投保主险条款名称	

指定驾驶员	姓名	驾驶证号码	初次领证日期
驾驶人员1		□□□□□□□□□□□□□□□□□□	
驾驶人员2		□□□□□□□□□□□□□□□□□□	
保险期间		年　月　日零时起至　年　月　日二十四时止	

续表

投保险种			保险金额/责任限额	保险费	备注
□机动车损失险,新车购置价____元					
□商业第三者责任险					
□车上人员责任险		驾驶____人	万·人·次		
		乘客人数____人	万·人·次		
		乘客人数____人	人·次		
□全车盗抢险					
□附加玻璃单独破碎险		□国产玻璃			
		□进口玻璃			
□附加车身划痕险					
□附加不计免赔率特约	适用险种	□机动车损失险			
		□第三者责任险			
		□车上人员责任险			
		□全车盗抢险			
		□车身划痕险			
□附加可选免赔额特约			免赔金额：		
保险费合计（人民币大写）　　　　　（¥　　　元）					

特别约定	
保险合同争议解决方式选择	□诉讼 □提交_____仲裁委员会仲裁

投保人声明：保险人已将投保险种对应的保险条款（包括责任免除部分）向本人作了明确说明，本人已充分理解。

上述所填写的内容均属实，同意以此投保单为订立保险合同的依据。

投保人签名/签章：

_____年_____月_____日

验车验证情况	□已验车　　□已验证　查验人员签名：_____年_____月_____日_____时_____分	
初审情况	业务来源：□直接业务　□个人代理　□专业代理　□兼业代理　□经纪人　□网上业务　□电话业务　代理（经纪）人名称：　上年度是否在本公司承保：□是　□否　业务员签字：　　　年　月　日	复核意见 复核人签字：　　　年　月　日

(3)汽车保险相关书籍。

实施二 任务实施

1. 全面性(见图3-3)

图3-3

险种组合:交强险+商业三责险(30万元)+车损险+车上人员责任险+盗抢险+玻璃单独破碎险+不计免赔特约+车身划痕损失险。

特点:保全险,居安思危,能保的险种全部投保,从容上路,不必担心交通所带来的种种风险,几乎与车有关的全部事故损失均能得到赔偿。

适用对象:适合于新车、新手及需要全面保障的车主。据统计,约有20%的车主选择此类型组合。

2. 常规性(见图3-4)

图3-4

险种组合:交强险+商业三责险(20万元)+车损险+车上人员责任险+盗抢险+不计免赔特约。

特点:投保具有价值的险种,保险性价比最高。

适用对象:适合于有长期固定人员看守的停放处所停放的车辆,也适合于有一定驾龄,愿意自己承担部分风险的车主。据统计,约有60%的车主选择此类组合。

3.经济型(见图3-5)

险种组合:交强险+商业三责险(10万元)+车损险+不计免赔。

图3-5

特点:费用适度,能够提供基本的保障。

适用对象:适用于车辆使用较长时间以及驾驶技术娴熟,愿意自己承担大部分风险的车主。据统计,约有15%的车主选择此类型组合。

4.风险型(见图3-6)

险种组合:只购买交强险。

特点:交强险只赔付事故中第三方(受伤害的一方),人员伤亡最高赔付11万元,住院医疗1万元,财产损失2000元。重大车祸造成的人员伤亡赔付会超过11万元,住院医疗费用也远远不够,2000元的车辆损失费用更是相差甚远,并且自己的车损或被盗需要自己承担。因此,该类型风险极大。

图3-6

适用对象:急于上牌照、急于通过年检、有经济压力或愿意自己承担巨大风险的车主。据统计,约有5%的车主选择此类型组合。

实施三　任务检测

(1)四种类型的保险怎样才是合理选择?

(2)强制险有何特点,为什么所有车辆都必须买强制险?

(3)全险有何特点,适合怎样的人群?

(4)分别说出四种类型保险的优缺点。

任务评价

任务评价表

班级:　　　　　　　　组别:　　　　　　　　姓名:

项目	评价内容 (请在对应条目的○内打"√"或"×",不能确定的条目不填,可以在小组评价时让本组同学讨论并写出结论)	评价等级(学生自评)		
		A 全部为√	B 有一至三个×	C 有多于三个×
关键能力自评	○按时到场　　　　　　　学习期间不使用手机、不玩游戏○ ○工装齐备　　　　　　　未经老师批准不中途离场○ ○书、本、笔齐全　　　　　　　　　　　无违规操作○ ○不追逐打闹　　　　　　　　　　　　　　无早退○ ○接受任务分配　　　　　　先擦净手再填写工作页○ ○不干扰他人工作			

续表

项目	评价内容 (请在对应条目的○内打"√"或"×",不能确定的条目不填,可以在小组评价时让本组同学讨论并写出结论)	评价等级(学生自评)		
		A 全部 为√	B 有一 至三 个×	C 有多 于三 个×
关键能力自评	○工作服保持干净　　　　　　　　无安全事故发生○ ○私人物品妥善保管　　　　使用后保持工具整齐干净○ ○工作地面无脏污　　　　　　能及时纠正他人危险作业○ ○工作台始终整洁　　　　　废弃物主动放入相应回收箱○ ○无浪费现象　　　　　　　　未损坏工具、量具及设备○ ○参与了实际操作 ○课前有主动预习　　　　　　本小组工作任务能按时完成○ ○与本组同学关系融洽　　　　　　　主动回答老师提问○ ○积极参与小组讨论　　　　　　　　　能独立规范操作○ ○接受组长任务分配　　　　　　　　能主动帮助其他同学○ ○能独立查阅资料　　　　　　　　不戴饰物,发型合规○ ○工装穿戴符合要求			
专业能力自评	○能按时完成工作任务　　　　　　　　能独立完成工作页○ ○工量具选用准确　　　　　　　　　　没有失手坠落物品○ ○无不规范操作　　　　　　　　指出过他人的不规范操作○ ○完成学习任务不超时　　　　　　暂时无任务时不无所事事○ ○学习资料携带齐备　　　　　　　　工作质量合格无返工○			
小组评语及建议	他(她)做到了: 他(她)的不足: 给他(她)的建议:	组长签名: 　　年　　月　　日		
教师评价及建议		评价等级: 教师签名: 　　年　　月　　日		

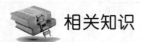 相关知识

知识一　汽车保险基础知识

（1）定义：汽车保险是承担机动车由于自然灾害或意外事故所造成的人身伤亡或财产损失的赔偿责任的一种商业保险。

（2）汽车保险具体险种有以下几种。

汽车保险可以分为主险（基本险）和附加险，主险可以单独投保，而要购买附加险则必须先购买主险。新版《机动车商业保险行业基本条款》从2007年4月1日起正式启用，该条款将盗抢险和车上人员责任险升格为主险。图3-7所示的是汽车保险险种。

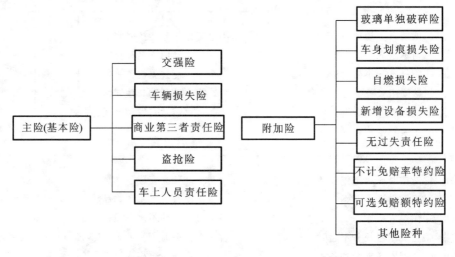

图 3-7

（3）汽车保险各险种分别承担责任。

①车辆损失险：负责由于自然灾害或意外事故造成的保险车辆自身损失的赔偿责任。

②第三者责任险：负责保险车辆在使用中发生意外事故造成他人（即第三者）的人身伤亡或财产的直接损毁的赔偿责任。

③全车盗抢险：负责保险车辆因被盗窃、被抢劫、被抢夺造成车辆的全部损失，以及期间由于车辆损坏或车上零部件、附属设备丢失所造成损失的赔偿责任。

④车上责任险：负责保险车辆发生意外事故造成车上人员的人身伤亡和车上所载货物的直接损毁的赔偿责任。

⑤车载货物掉落责任险：承担保险车辆在使用过程中，所载货物从车上掉下来造成第三者遭受人身伤亡或财产的直接损毁而产生的赔偿责任。

⑥挡风玻璃单独破碎险：承担保险车辆在停放或使用过程中，其他部分没有损坏，仅挡风玻璃单独破碎损失的赔偿责任。

⑦车辆停驶损失险：车辆发生车辆损失险范围内的保险事故，造成车身损毁，致使车辆停

驶而产生的损失,保险公司按规定进行赔偿。

⑧自燃损失险:车辆因电路、线路、供油系统发生故障,以及因运载货物自身原因起火燃烧造成保险车辆的损失,这些损失由本险种负责赔偿。

⑨新增加设备损失险:车辆发生车辆损失险范围内的保险事故,造成车上新增设备的直接损毁,由保险公司按实际损失计算赔偿。未投保本险种,新增加的设备的损失,保险公司不负赔偿责任。

⑩不计免赔特约险:办理了本保险的车辆,发生车辆损失险或第三者责任险的保险事故造成赔偿,对应由被保险人承担的免赔金额,由保险公司负责赔偿。也就是说,办了本保险后,车辆发生车辆损失险及第三者责任险方面的损失,全部由保险公司赔偿。

(4)如何选购汽车保险?

国家法律规定机动车实行第三者责任强制保险制度。同时,为了减轻车主或车辆单位因各类意外而造成的损失,各保险公司还推出多种承保范围各异的多种险种,车主或车辆单位可根据车辆价值、车辆使用情况和驾驶技术等选择相适应的险种。

(5)什么人可以为车辆购买保险?

车辆的所有者、承包者、保管者、使用者等利益关系者都可以为车辆购买保险。

(6)什么叫被保险人、保险人、第三者?

被保险人一般是指受保险合同保障的汽车的所有者,也就是行驶证上登记的车主。保险人就是保险公司,在汽车保险中,就是有权经营汽车保险的保险公司。

保险合同中,保险人是第一方,也叫第一者;被保险人或致害人是第二方,又叫第二者;除保险人与被保险人之外的因保险车辆意外事故而遭受人身伤害或财产损失的受害人是第三人,即第三者。

(7)常规保险理赔流程包括哪些内容?

出险后先打110报警,由交警处理事故,在1000元之内,警察会当场开具《现场快速调解书》,然后在48小时内打保险公司电话报案并领取报案编号,到保险公司指定的定损网点进行定损,或与保险公司约定时间及地点后,由保险公司定损员定损,定损好后进行车辆维修,然后将《现场快速调解书》和保单正本复印件、有效的驾驶证复印件、身份证复印件、行驶证复印件、维修发票、维修清单和《出险通知书》(企业盖章、私人签字)递交保险公司,收到保险公司通知后,在约定日期凭被保险人的身份证原件到保险公司领取理赔金。物损超过1000元的,出险后先打110报警,交警当场开具《事故抄告单》,车辆集中停放在交警指定的停车场。24小时后当事人到交警队处理事故,然后打保险公司电话报案并领取索赔编号。事故处理完毕或责任认定后,车辆由本人领取送至修理厂,保险公司派专人到修理厂进行定损。一般保险公司最快2个钟头,最慢第二天到您所在的停车点和维修点,客户需要在车旁等候保险公司拍照、定损,然后自己送车到修理厂先付钱进行车辆维修。车辆修复后,把双方的维修发票、维修清单、交通事故调解书、保单正本复印件、身份证复印件、行驶证复印件、事故车辆定损单、盖章或签字的出险通知书递交保险公司,收到保险公司通知后,在约定时间内凭被保险人的身份证原件到保险公司领取理赔金。

(8)车辆损失险最高赔偿金额是多少?

车辆损失险赔偿金额采用累积计算,其最高赔偿额为保险金额。换言之,在保险期限内,累积赔偿金额超过保险金额的部分,由被保险人自行承担。

(9)第三者责任险最高赔偿金额是多少?

第三者责任险的保险金额有 4 万元、10 万元、20 万元、30 万元、50 万元,最高赔偿额为被保险人选购的保险金额,超过的部分由被保险人自行承担。

(10)什么是重复保险?重复保险是否可以得到多份赔偿?

在汽车保险中,重复保险是指为同一辆车的同一风险,分别向两个或两个以上的保险公司投保汽车保险。

重复保险只能得到一份赔偿。《保险法》第四十条规定:重复保险中,各保险公司的赔偿金额的总和不得超过保险价值。所以,没有必要为同一辆车投保多份相同的汽车险种。

(11)什么是比例赔付?一般在什么情况下发生?

比例赔付是指保险公司不按实际损失全额承担赔偿责任,而是按实际损失以保险金额与保险价值的比例承担赔偿责任。在车辆损失险、全车盗抢险、自燃损失险、新增加设备损失险中,如果保险金额低于保险价值,都将按比例赔付。

(12)为什么旧车只有按新车购置价投保车辆损失险时,车辆损失险发生部分才能按照实际修复费用计算赔偿?

因为无论新车还是旧车,在修理时都要更换新零件,即新车和旧车在受损后的修理费用是一样的。如果按实际价值投保车身损失险,旧车的保费明显少于新车,这对新车的用户而言是不公平的。

(13)车辆是否可以超额投保?

超额投保是指保险金额高于新车购置价,但超额投保并不能得到超额赔偿。因为保险法规定,保险金额不得超过新车购置价,超过新车购置价的,超过部分无效。

(14)什么是不足额投保?其后果是什么?

不足额投保是指保险合同约定的保险金额低于新车购置价.其后果是车辆损失险发生部分损失后,保险公司按照保险金额与新车购置价的比例承担赔偿责任,即比例赔付。

(15)车辆出险后,如何办理理赔?

参加保险的车辆发生交通事故后,被保险人对保险车辆采取施救、保护措施所支出的合理费用,由保险公司负责赔偿,但此项费用的最高赔偿金额以保险金额为限。被保险人理赔时,应向保险公司提供保险单、事故证明、交通事故认定书、事故调解书或者判决书、损失清单和有关费用单据。车辆受损或致使第三者财产损坏,修理前被保险人须经保险公司定损,确定修理项目、方式和费用,否则,保险公司有权重新核定或拒赔。

(16)如何填写交通事故当事人称述材料?

陈述材料是责任认定的证据之一,因此在责任认定中起一定的作用,应实事求是填写。

陈述内容包括:

①事故发生的时间;

②驾驶车辆的车型;

③当时行驶地点;

④行驶方向;

⑤车辆速度;

⑥交通信号灯、标志、标线;

⑦交通事故接触地;

⑧对方车型和号牌；
⑨对方行驶方向；
⑩本人采取的措施；
⑪造成结果的情况,最后签署日期和姓名。

知识二　汽车常见保险种类及含义

1.类别

1）强制险种
强制险种是机动车交通事故强制责任险（交强险）。
2）非强制险种
非强制险种包括以下几种。
（1）车辆损失险（现款购车价格×1.2%）；
（2）第三者责任险（5万元/900元,10万元/1090元,20万元/1310元,50万元/1500元,100万元/1650元）；
（3）司机乘客意外伤害险（即车上责任险保费50元/人,根据车辆的实际座位数填写）；
（4）自燃损失险（新车购置价×0.15%）；
（5）不计免赔特约险（（车辆损失险＋第三者责任险）×20%）；
（6）风挡玻璃单独破碎险（新车购置价×0.15%）；
（7）全车盗抢险（新车购置价×1.0%）；
（8）新增加设备损失险；
（9）无过失责任险（新车购置价×0.15%）；
（10）车身划痕损失险（2000元/400元,5000元/570元,1万元/760元,2万元/1140元）。

2.各险种的实际意义

1）强制险种
强制险种如图3-8,强制保险标志如图3-9所示。

图3-8

图3-9

机动车交通事故强制责任险是指由保险公司对被保险机动车发生道路交通事故造成本车人员、被保险人以外的受害人的人身伤亡、财产损失,在责任限额内予以赔偿的强制性责任保险。它是我国首个由国家法律规定实行的强制保险。

机动车交通事故强制责任险责任限额6万元当中,包含了死亡伤残赔偿5万元、医疗费用赔偿8000元、财产损失赔偿2000元。而被保险人在交通事故中无责任,赔偿限额分别按照以上三项限额的20%计算。交强险的基础费率共分家庭自用车、非营业客车、营业客车等8大种类42种小类的车辆,保险费率各不相同。其中6座家庭自用车保费为1050元,6座以上为1100元;6座以下营业出租车保费为1800元;36座以上公路营运客车为4690元;10吨以上营业货车为4480元;50~250 CC摩托车保费为180元。

交强险具有强制性、广覆盖性及公益性的特点,主要表现在以下六个方面。

(1)实行强制性投保和强制性承保。交强险其强制性一方面体现在所有上道路行驶的机动车的所有人或管理人必须依法投保该险种。区别于现行的机动车第三者责任保险,《条例》也要求具有经营交强险资格的保险公司不能拒绝承保和随意解除合同。

(2)赔偿原则发生变化。目前实行的商业机动车第三者责任保险,保险公司是根据被保险人在交通事故中所承担的事故责任来确定其赔偿责任。交强险实施后,无论被保险人是否在交通事故中负有责任,保险公司均将按照《机动车交通事故责任强制保险条例》以及交强险条款的具体要求在责任限额内予以赔偿。

(3)保障范围宽。为有效控制风险,减少损失,商业机动车第三者责任保险规定有不同的责任免除事项和免赔率(额)。而交强险除被保险人故意造成交通事故等少数几项情况外,其保险责任几乎涵盖了所有道路交通风险,且不设免赔率与免赔额。

(4)按不盈不亏原则制定保险费率。交强险不以盈利为目的,并实行与其他保险业务分开管理、单独核算。而商业机动车第三者责任保险则无需与其他车险险种分开管理、单独核算。

(5)实行分项责任限额。商业机动车第三者责任保险即无论人伤还是物损均在一个限额下进行赔偿,并由保险公司自行制定责任限额水平。交强险由法律规定实行分项责任限额,即分为死亡伤残赔偿限额、医疗费用赔偿限额、财产损失赔偿限额以及被保险人在道路交通事故中无责任的赔偿限额。

(6)实行统一条款和基础费率,并且费率与交通违章挂钩。在商业机动车第三者责任保险中,不同保险公司的条款费率相互存在差异。交强险实行统一的保险条款和基础费率。

2)非强制险种

(1)车辆损失险。

车辆损失险是指车主向保险公司投保的预防车辆可能造成损失的保险。车辆损失险的承保范围包括:

①碰撞、倾覆;

②火灾、爆炸(见图3-10);

③外界物体倒塌、空中运行物体坠落、保险车辆行驶中平行坠落;

④雷击、暴风、龙卷风、暴雨、洪水(见图3-11)、海啸、地陷(见图3-12)、冰陷、崖崩、雪崩、

图 3-10

图 3-11

雹灾（见图 3-13）、泥石流、滑坡；

图 3-12

图 3-13

⑤载运保险车辆的渡船遭受自然灾害（只限于有驾驶员随车照料者）。

它是汽车保险中最主要的险种。若不保这个险种，车辆碰撞后的修理费保险公司不负责赔偿，全部得由自己掏腰包。

有些车是可以考虑不投保车辆损失险的。比如快报废的破车，修理费很便宜，撞坏后自己修也花不了多少钱。如果您想投保不计免赔责任险，就一定要投保车辆损失险，因为它是后者的附加险，必须投保了车辆损失险后才能投保不计免赔责任险。

（2）第三者责任险。

交强险主要是承担广覆盖的基本保障。对于更多样、更高额、更广泛的保障需求，消费者可以在购买交强险的同时自愿购买商业第三者责任险。它是负责赔偿车辆发生意外事故造成他人（即第三者）的人身和财产的损失，如图 3-14 所示。

商业第三者责任险的保险责任是：保险机动车在被保险人或其允许的合法驾驶人使用过程中发生意外事故，致使第三者遭受人身伤亡或财产的直接损失，对被保险人依法应支付的赔偿金额。保险公司依照保险合同的约定，对于超过交强险各分项赔偿限额以上的部分给予赔偿。

图 3-14

第三者责任险是最有价值的险种，也是国家规定的必保项目。开车时最怕的就是撞车或撞人了，自己车受损失不算，还要花大笔的钱来赔偿别人的损失。尤其撞人是最可怕的，一旦把人撞残或撞死了，恐怕把车卖了都不够赔的。投保了这个险种后就不怕了，赔给别人的钱大部分会由保险公司来支付。这个险种的保费是很便宜的,只有 800 元或 1040 元,但能得到的赔偿最高可达 5 万元或 10 万元。

第三者责任险是国家强制投保的险种。很多人交通肇事后逃跑的原因是怕赔钱,怕赔钱的原因是没有投保第三者责任险,钱只能由自己出。投保了这个险种就不怕赔钱,出事后也不用逃跑了。强制投保第三者责任险对那些保险意识不强的人是大有好处的。

(3)司机乘客意外伤害险(即车上责任险,如图 3-15 所示)。

保险车辆在使用过程中发生意外事故,致使保险车辆上人员的人身伤亡以及施救费用,由保险公司在保单的赔偿限额内予以赔偿。

图 3-15

如因交通事故造成司机、乘客伤亡,由司机乘客意外伤害险来赔偿损失。汽车有价人无价,为司机乘客买保险当然有必要。如果您已由单位投保了团体人身意外伤害保险或在个人寿险中投保了人身意外伤害保险,也可以不保这个险种。

(4)自燃损失险。

负责赔偿因本车电器、线路、供油系统发生故障及运载货物自身原因起火造成车辆本身的损失。

保险责任:因本车电路、线路、供油系统发生故障及运载货物自身原因起火燃烧,造成的保险车辆损失,由保险公司负责赔偿,如图 3-16 所示。

图 3-16

这是 1997 年新增加的险种,它赔偿因本车电器、线路、供油系统发生故障或运载货物自身原因起火燃烧给车辆造成的损失。这个险种的价值不是很大,但费率却不低(0.4%)。在现实中车辆自燃事故发生很少,10 万元以上的中、高档车自燃的就更少了。另外,车辆自燃如果与质量有关,生产厂家是应负赔偿责任的,所以不向您重点推荐这个险种。

(5)不计免赔特约险。

经特别约定,保险事故发生后,按照对应投保的主险条款规定的免赔率计算的、应当由被保险人自行承担的免赔金额部分,保险人负责赔偿,如图 3-17 所示。

图 3-17

这是 1997 年才有的一个非常好的险种。它的价值体现在:不保这个险种,保险公司在赔偿车损险和第三者责任险范围内的损失时是要区分责任的,若您负全部责任,赔偿 80%;负主要责任赔 85%;负同等责任赔 90%;负次要责任赔 95%,事故损失的另外 20%、15%、10%、5%需要您自己掏腰包。如果保了这个险种,在事故中不管您负什么责任,您的损失保险公司都按 100%赔偿,所以该险种俗称为"100%赔付险"。100%赔付很重要,一方面,出险后您一般不用再花钱了,钱全部由保险公司来赔。入保险的目的是什么?不就是出险后钱全由保险公司赔么。若自己还要花钱,那还有什么意思?另一方面,100%赔付对处理交通事故有好处。发生交通事故后人们总要拼命为自己开脱责任,因为这能使自己少赔钱。如果 100%赔付,您不用太计较责任(反正钱全部由保险公司来赔),使事故更容易解决,这样能节省您的时间。第三方面,100%赔付对保险事故索赔有好处。若不是 100%赔付,定损的高低和您的利益有关:定损高您自负的钱就多,定损低您自负的钱就少,所以定损时有必要争一争。100%赔付时您就没必要争了,反正钱全部由保险公司赔,只要把车修好就行了。因此,投保不计免赔责任险,绝对物有所值!

(6)玻璃单独破碎险。

保险车辆在使用过程中发生本车玻璃单独破碎,保险人按实际损失计算赔偿。投保人在与保险人协商的基础上,自愿按进口风窗玻璃或国产风窗玻璃选择投保,如图 3-18 所示。

图 3-18

若投保了此险种,车辆在停放或使用过程中,其他部分没有损坏,仅挡风玻璃单独破碎,其损失由保险公司赔偿。

如果您的汽车不是很高档,玻璃单独破碎险的价值就不是很高。原因在于费率太高:国产轿车费率为 0.15%,进口轿车的为 0.25%(以前更贵,分别为 0.2% 和 0.5%)。例如,一辆价值 12 万元的桑塔纳,玻璃单独破碎险的保费是 180 元,但换一块前挡风玻璃才 300 元左右。所以,对一般家庭用车而言,此险可以作为选保的险种。

(7) 全车盗抢险。

全车盗抢险可弥补全车被盗抢造成的损失,它的保险责任为:

①保险车辆全车被盗窃、被抢劫、被抢夺,经县级以上公安刑侦部门立案证实,满两个月未查明下落的;

②保险车辆全车被盗窃、被抢劫、被抢夺后受到损坏或车上零部件、附属设备丢失需要修复的合理费用,如图 3-19 所示。

图 3-19

它主要负责赔偿保险车辆因被盗窃、被抢劫、被抢夺造成车辆的全部损失,以及其间由于车辆损坏或车上零部件、附属设备丢失所造成的损失。车辆丢失后可从保险公司得到车辆实际价值的 80% 的赔偿。

目前社会上丢车的很多,为了车辆的安全,盗抢险尽可能要投保,私车一定要投保。有些车丢失概率很低,盗抢险不一定非保不可,如货车、出租汽车、快报废的各种旧车。

(8) 新增加设备损失险。

本保险为车辆损失险的附加险,投保了车辆损失险的车辆方可投保本保险。

①本附加险所指的新增加设备(见图 3-20),是指投保车辆在出厂时原有各项设备以外,被保险人另外加装的设备及设施。办理本附加险时,应列明车上新增设备明细表及价格。

图 3-20

②办理了本项保险的机动车辆,在使用过程中,发生《机动车辆保险条款》中所列的保险事故,造成车上新增设备的直接损毁,保险人在保险单该项目所载明的保险金额内,按实际损失计算赔偿。

③该项保险的保险金额以新增设备的购置价值确定。

④新增设备单独被盗或丢失,不属于本附加险赔偿责任。

当您自己为车辆安装了空调、CD 音响、防盗器、真皮座椅等不是车辆出厂时所带的设备时,可以考虑投保新增加设备损失险。投保后,在这些设备因事故受损时可以得到保险公司的赔偿。这些设备一般都安装在车内,发生事故时很少能被撞到。

(9)无过失责任险。

负责赔偿在交通事故中造成对方人员伤亡和财产损失,虽然本车无过失,但车主为抢救伤员等已经支付而无法追回的费用。

保险责任:保险车辆在使用过程中,因与非机动车辆、行人发生交通事故,造成对方人员伤亡和财产的直接损毁,但这一损失不是由于您的过失,而是由于对方的责任造成的,但您拒绝赔偿未果,对于您已经支付给对方而无法追回的费用,保险公司按《道路交通事故处理办法》负责赔偿,如图 3-21 所示。

图 3-21

撞人或车后,保险车辆一方无过错,不应承担赔偿责任,但出于某种原因,实际已经支付了对方而无法追回的费用,由保险公司负责赔偿。但每次有 20% 的免赔率,即最多赔 80%。一般家庭用车投保的实际意义不大。

(10)车身划痕损失险(2000/400 元,5000/570 元,1 万元/760 元,2 万元/1140 元)

投保了车辆损失险的机动车可以投保本附加险。对于无明显碰撞痕迹的车身划痕损失,保险公司负责赔偿,如图 3-22 所示。

对于被保险人及其家庭成员、驾驶人及其家庭成员的故意行为造成的损失,保险公司不予赔偿。

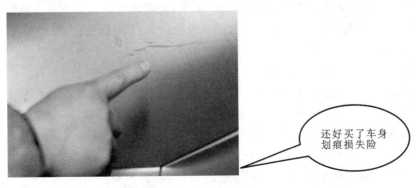

图 3-22

投保了机动车损失保险的机动车,可投保车身划痕损失险。

第一条　保险责任

无明显碰撞痕迹的车身划痕损失,保险人负责赔偿。

第二条　责任免除

被保险人及其家庭成员、驾驶人及其家庭成员的故意行为造成的损失。

(11)可选免赔额特约险。

投保了车辆损失险的车辆可以购买本特约条款。投保人在投保时可以与保险人协商确定一个绝对免赔额;按保险合同其他条款计算的保险人应负赔偿额度低于该绝对免赔额时,保险人不承担赔偿责任;高于该绝对免赔额时,保险人在扣除该免赔额后,对高出部分予以赔偿。选择了本特约条款后,赔款计算公式为:赔款＝按车辆损失险计算的赔款－选定的免赔额。

投保了本条款的投保人可以依其所选定免赔额的不同享受相应的费率优惠。

除了上述险种以外,还有车辆停驶损失险、车载货物掉落损失险等,可以根据实际需要有选择性地进行投保。

3.保险金额

保险金额为 2000 元、5000 元、10000 元或 20000 元,由投保人和保险人在投保时协商确定。

4.赔偿处理

(1)在保险金额内按实际修理费用计算赔偿。

(2)每次赔偿实行 15% 的免赔率。

(3)在保险期间内,累计赔款金额达到保险金额,本附加险保险责任终止。

知识三　交强险基础知识

(1)什么是交强险?

机动车交通事故责任强制保险(简称"交强险")是我国首个由国家法律规定实行的强制保险制度。《机动车交通事故责任强制保险条例》规定:交强险是由保险公司对被保险机动车发生道路交通事故造成受害人(不包括本车人员和被保险人)的人身伤亡、财产损失,在责任限额内予以赔偿的强制性责任保险。

(2)车主怎么买交强险?

汽车交强险是强制性责任保险,每位车主都免不了要购买交强险。有些车主能获得更好的交强险价格,如上年没有出险,保费可下浮。车主可以到保监会核准的 20 余家中资财产保险公司办理交强险业务,或者通过中国平安网上直销平台购买交强险,方便又快捷,省时省力。

(3)交强险价格多少?哪里价格最低?

交强险价格与许多因素相关。初次购买交强险与再次购买交强险的价格有可能会不同。再次购买交强险与是否出险等因素有关。通过平安简易报价,您可以了解交强险的参考价格。如果您的商业险与交强险一起交纳的话,还可享受商业险 15% 优惠。

(4)交强险赔偿范围。

我国《机动车交通事故责任强制保险条例》对于交强险的赔偿范围进行了明确规定。投了保的机动车发生交通事故造成本车人员、被保险人以外的受害人人身伤亡、财产损失,保险公司在限额内予以赔偿。汽车交通事故责任强制保险在全国范围内实行统一的责任限额。责任限额分为死亡伤残赔偿限额、医疗费用赔偿限额、财产损失赔偿限额以及被保险人在道路交通事故中无责任的赔偿限额。

如果是受害人故意造成交通事故损失,保险公司可以依法不予赔偿。

驾驶人醉酒驾驶、未取得驾驶资格就开车上路、被保险机动车被盗抢期间肇事、被保险人故意制造道路交通事故,这几种情况造成受害人的财产损失,保险公司可以不承担赔偿责任。保险公司如果垫付抢救费用,有权向致害人追偿。

知识四　投保基础知识

(1)车辆保险种类多,怎样投保车险不花冤枉钱?

一般的家用轿车,购买的保险组合推荐为:交强险+车辆损失险+第三者责任险+车上人员责任险+玻璃单独破碎险+不计免赔特约险+全车盗抢险投保,这样车主最关心的丢失和100%赔付等大风险都有保障,保费不高但今后能保障全面的赔偿。车主如果是新手,由于驾驶经验不足,险种齐全一些为好。经验丰富的车主可以根据自身的情况进行灵活配置各类险种,可以注重保险的经济性和保障性。车险投保时应该买高还是降低保额?有的车主在购买车损险时选很高的保额,认为出了事故可以获得高额赔偿。但车险条款规定,当保险车辆发生全损时,车主只能获得相当于出险时车辆实际价值的赔偿,所以投保时尽量按照实际价值选择投保。如果选择低于汽车实际价值的保额,可能导致不足额投保,保险公司出事故后按照比例赔付,所以不足额投保尽量慎重选择,不能只图便宜。

(2)车险投保如何节约费用?

是不是每一次出险都应该去进行理赔呢?一般规定是,如果本年没有出险记录,第二年可以享受一定的车险投保优惠。所以如果是非常小额的赔偿,可以不通过保险公司进行理赔,不进行理赔程序反而节省费用。选择网上投保渠道,在网上直销平台进行车险投保,省掉了很多中间环节,价格更便宜,能节约更多费用。

(3)新车车主如何买保险?

多数刚买新车的车主,由于经验不足,在第一次为车辆投保时往往在不经意间花掉了不少冤枉钱。

交强险是法律强制规定要买的,所以买了车就得买交强险,这笔钱省不了。越是新车越要买商业保险。首先,开新车的以新手为多,新手技术不熟练,出险的可能性更大;其次,新车更加惹眼,更容易被盗、被划。专家建议商业第三者责任险、车损险、盗抢险、玻璃险等还是应该买上。

对于新手加新车这一状况,除了第三者责任险外,建议将车损险、全车盗抢险、不计免赔险、车上人员责任险、玻璃单独破碎险等基本险种保齐。因为新车发生自燃的概率微乎其微,自燃险可以考虑不保。

新手如果买了不计免赔,还要详细了解不计免赔险的赔偿范围,因为买了不计免赔并不意味着就可以任意索赔。车辆在上一年有无违章、理赔的记录,直接关系到下一年的投保优惠系数,续保时保险公司会根据上一年的索赔记录给车主予以优惠或加收保费。

(4)二手车如何买保险?

从2009年10月1号开始,新《保险法》正式实施。新《保险法》有关条例规定,保险标的转让的受让人直接承继被保险人的权利义务。也就是说,在购得二手车后可直接承继原车主的权利义务,无需前往保险公司办理过户手续,避免了因未及时过户造成出险后无法索赔的情况。

新《保险法》还有规定,即因保险标的转让导致危险程度显著增加的,被保险人应及时通知保险人办理过户变更手续,保险公司可依据危险程度增加情况增收保费或解除合同;否则,因转让导致保险标的危险程度增加而发生保险事故,保险公司不承担赔偿保险金责任。什么是危险程度增加呢?比如原本是私家车,转让后被用作营运车,这就属于危险程度增加的一种情况。这类车主应当及时到保险公司办理过户手续。

(5)如何计算车险?

车险计算包括交强险和商业险计算两部分,车险费用与车价、险种组合(或保障组合)、保险额度、上年理赔记录等多种因素相关,每年都可能发生变化。车主可以通过保险公司业务员或者拨打保险公司客户服务电话查询。平安首家开通车险网上计算,全国各地车主均可网上计算,车险计算器直联保监会保险系统,提供最新的车险参考报价。

国内常见车险种类按性质可以分为强制保险和商业险。强制保险(交强险)是国家规定强制购买的保险,商业险是非强制购买的保险,车主可以根据实际情况进行投保。根据车险保障的责任范围,还可以分为基本险和附加险。基本险包括商业第三者责任险、车辆损失险、全车盗抢险、车上人员责任险等四个独立的险种,投保人可以选择投保其中部分险种,也可以选择投保全部险种。玻璃单独破碎险、自燃损失险、新增加设备损失险是车身损失险的附加险,必须先投保车辆损失险后才能投保这几个附加险。车上责任险、无过错责任险、车载货物掉落责任险等是第三者责任险的附加险,必须先投保第三者责任险后才能投保这几个附加险;每个险别不计免赔是可以独立投保的。

按销售渠道的不同,车险可分为传统车险和电话车险(网络车险)。电话车险通过电话或者网络获取报价、完成投保,是新兴的车险投保模式,电话车险(网络车险)在欧美比较流行,正以其方便、省钱等优势越来越受到国内车主的青睐。另外,根据车辆保障内容不同,价格也有差异。车主在网上投保时可以根据自己的实际情况选择不同的保障项目,从而节省更多的费用。

(6)车辆保险种类那么多,选择哪家公司投保更合适?

承保汽车保险的公司那么多,选择哪家投保,投保哪些险种更合适呢?现在国内市场上车险产品有一定的同质化,选择投保车险主要看哪家的理赔服务更好、更方便。比如,目前平安车险特有的全国通赔服务,当您的爱车在异地出险,可以在当地赔付,并且目前平安车险还推出理赔承诺:万元以下赔款,资料齐全,三天赔付。

(7)车辆保险险种那么多,选择哪些险种更合适?

投保之前最好将多家公司的保险条款进行一番比较后,选择出哪家公司的保单条款最有利后再投保。一般的家用轿车,购买的保险组合推荐为:交强险+车辆损失险+第三者责任险+车上人员责任险+玻璃单独破碎险+不计免赔特约险+全车盗抢险投保,这样车主最关心的丢失和100%赔付等大风险都有保障,保费不高但今后能保障全面的赔偿。

车主如果是新手,由于驾驶经验不足,种类齐全一些为好。经验丰富的车主可以根据自身的情况进行灵活配置各类险种,可以注重保险的经济性和保障性。

知识五　投保注意事项

(1)保险要保全。有些顾客为了节省保费,想少保几种险。其实各险种都有各自的保险责任,假如车辆真的出事,保险公司只能根据合同承担相应的责任,车主的部分损失可能就得不到赔偿。

(2)及时续保。有些车主在保险合同到期后不能及时续保而留下了隐患。

(3)认真审阅、核对保险单。顾客接到保险单时,一定要认真核对,如有问题,应及时向保险公司提出更正。

(4)随身携带保险卡。顾客应随车携带保险卡,如果发生事故,要立即通知保险公司并向交通部门报案。

(5)切勿有骗保的想法。有极少数人将保险当成发财的捷径,有的险出现后投保,有的人为制造事故,有的伪造、涂改、添加修车、医疗等发票和证明,这些均是触犯法律的行为。因此,在这些问题上,千万不要耍"小聪明"。

知识六　保险费率系数

本着奖优罚劣、公平公正的原则,不同车主、不同车辆的保险费高低是不同的。共有14个项目影响车主的"费率调整系数",这些系数的连续相乘,就可以确定车主的保费交纳系数,即车主今年的保费系数＝系数1×系数2×系数3⋯除了第14项车损险的特异、稀有和古老车型外,1～13项的费率调整系数最高和最低都在0.7～1.3之间,系数0.7即优惠30%,系数1.3即上涨30%,如图3-23、图3-24所示。

图 3-23

序号	项目	内容	系数
1	无赔款优待及上年赔款记录	连续3年没有发生赔款	
		连续2年没有发生赔款	0.7
		上年没有发生赔款	0.8
		上年发生3次赔款	0.9
		上年发生4次赔款	1.0
		上年发生5次及以上赔款	1.1
2	多险种同时投保	同时投保车辆险、第三者责任险	0.95~1.00
3	客户忠诚度	首年投保	1.00
		续保	0.90
4	平均年行驶里程	平均年行驶里程<30000公里	0.90
		平均年行驶里程≥50000公里	1.1~1.3
5	安全驾驶	上一保险年度无交通违法记录	
6	约定行驶区域	省内	0.95
		固定路线	0.92
		场内	0.80
7	承保数量	承保数量<5台	1.00
		5台≤承保数量<20台	0.95
		20台≤承保数量<50台	0.90
		承保数量≥50台	0.80
8	指定驾驶人	指定驾驶人员	0.90
9	性别	男	1.00
		女	0.95
10	驾龄	驾龄<1年	1.05
		1年≤驾龄<3年	1.02
		驾龄≥3年	1.00
11	年龄	年龄<25岁	1.05
		25岁≤年龄<30岁	1.00
		30岁≤年龄<40岁	0.95
		40岁≤年龄<60岁	1.00
		年龄≥60岁	1.05
12	经验及预期赔付率	40%及以下	0.7~0.8
		40%~60%	0.8~0.9
		60%~70%	1.00
		70%~90%	1.1~1.3
		90%以上	1.3以上
13	管理水平	根据风险管理水平和业务类型	0.7以上
14	车辆损失车型	特异车型、稀有车型、古老车型	1.3~2.0

图 3-24

 **任务拓展**

保 险 案 例

1. 车损险

车损险是对车辆发生意外时造成的损失的保险,这个不用过多解释,大家应该都明白,就是不管你撞别人还是别人撞你,或者你撞石头,只要对车辆造成损失,保险公司就负责赔偿,当然在条款里有些在保障范围之外的责任,如地震、纵火、故意破坏等。当然有时被撞了也不一定用到自己的保险,如果单方肇事,那么就可以全赔了,如果牵扯第三者,要有交警的事故认定书来划分责任。

案例:比如甲、乙两人分了主次责任,甲占7成责任,乙占3成责任,甲修车花了10000元,乙修车花了6000元,这种情况下怎样赔付呢?两人修车一共花了16000元,按三七开,甲承担16000元乘以0.7等于11200元,乙承担4800元,就是说甲修车花10000元,自己承担7000元,乙要给甲3000元;乙修车花6000元,自己承担1800元,甲给乙4200元。

在这种情况下,甲的保险公司只会赔给甲7000元,乙的保险公司赔给乙1800元,交强险里有2000元的第三者财产损失,那么甲就在交强险里拿出2000元,再从第三者责任险里拿出2200元来赔给乙。乙同理,交强险里拿出2000元,第三者责任险里拿出1000元来给甲。如果不保第三者责任险只有交强险,那多出2000元的部分自己掏了。如果只保了商业险而没有交强险,那么甲给乙的4200元保险公司只会承担2200元,即使你的第三者保了20万或50万,所有的赔付都是以交强险为先。

2. 第三者责任险

还是保别人的,有人说保了交强险就不用保第三者了,这是废话,现在人多贵啊,一个中年男子全赔下来最少也要五六十万啊,要赔偿子女抚养费和父母赡养费加上自己这条命啊,交强险的110000元是远远不够的,这个不做过多解释,别的都可以不保,这个是必需的,对自己负责也对别人负责,最少要保200000元的。

3. 盗抢险

这个都知道,就是车被盗或者被抢了,新车主需要注意的就是如果在挂牌子前保的,那么挂牌后及时拿行驶证去保险公司变更车号,如不变更,盗抢险不生效,其他险种都没关系的。还有一点就是车被盗或抢后要及时报案,因为保险公司会要公安机关的证明,也不是说车被盗了就马上赔,最少要等三个月。如果公安机关破不了案,车没找到,保险公司就赔,如果三个月内车子找到了就不赔了。车价也是要折旧的,一般来说每个月折旧0.6%。

4. 车上人员险

这个大家都清楚,就是保车里的人的意外伤害和死亡,死亡就说不上了,20000元起不了多大作用,主要是意外伤害,就是保险受伤后的医疗费。以前可以随意保,保几个都行,现在不行了,要么只保驾驶员,要么全保,价格很便宜,驾驶员保20000元才不到80元。

5. 划痕险

其实大家对这个险种理解甚少,不是说我开着车划了一下就是划痕险的范围,应该在车损的保障范围内。那划痕险保的是什么呢?举个例子说,我的车停在楼下,另一个车经过时把我的车划了,这也不是划痕,应该让他用他的交强险进行赔偿。如果是个三轮车骑过去把我车划了,我们应该保护现场,及时报案,这个要用我们的车损赔自己了。重点在哪呢?就是划你车的这个人或车跑了,没有现场,车停在楼下被划了,这种情况是要用划痕险的,所以一般车被划都有三者,要是小区和单位人员素质比较高,大可不保这个,其实有时找不到人了,我们也可以恢复一下现场。

6. 玻璃单独破碎险

高速石子砸坏玻璃可用这个险来保。如果撞车时玻璃碎了,这就是在车损保障范围内的。

7. 指定专修厂

就是平时我们所说的4S店,保上这个定损价格高。

案例:一个普桑大灯在4S店要卖280元,而在配件市场只卖80元,那么保了4S店,肯定给定280了。如果不保呢?会定180元,两者折中,但是保证你能修好车,道理很简单。好车还是保上吧。

8. 不计免赔

保险公司也不是冤大头啊,你损失多少赔多少,你的责任全承担,不保不计免赔的话,你出险的损失保险公司只承担80%的责任,就是说定损1000元,只赔800元,20%的责任自己承担,所以还是保上的好。

结合上面的险种,大家应该对自己需要的险种有了一定的了解,根据自己的实际情况有选择地购买。比如说90%的时间在单位与小区间穿梭的,划痕大可不保,一是两地比较安全,二是在行驶中划痕要用车损赔付,所以划痕可以不保。

玻璃单独破碎险,同上,但是经常跑高速可保上,一个小小的石子可以让你的玻璃支离破碎。

盗抢险,这个不好说,说不定车就成人家的了,所以,别在乎那几百块钱了,保上吧。

车损险是一定要的,小事还好说,万一车子报废就全完了。

第三者责任险一定要,不计免赔一定要。

自燃险这个也不好说,说不定哪天车就会自燃,但是如果在保修期自燃完全可以找厂家。

任务二

车辆保险办理流程

 任务描述

车辆保险办理流程是人们在投保过程中选择何种保险和保险公司,办理时需要哪些材料和手续等一系列过程。它在汽车投保过程中具有很重要的作用。随着汽车保有量的增长,越来越多的人开始关注汽车保险。了解车辆保险办理流程就显得十分必要。图3-25所示的是车主在办理保险。

图 3-25

 **任务目标**

(1)掌握车辆保险办理流程及其注意事项。
(2)能根据汽车实际情况策划合理的车辆保险办理流程。
(3)能够准确运用车辆保险事故理赔流程。

任务分析

车辆保险办理流程是贯穿整个汽车投保,它是投保方案的后续步骤。在整个投保过程中具有十分重要的地位。合理的、高效的车辆保险办理流程不仅能省时省事,而且还能避免今后不必要的纠纷。

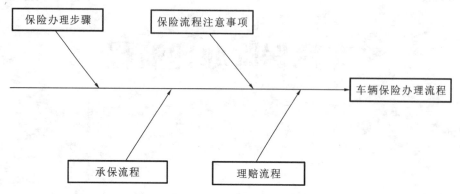

 任务实施

实施一　　任务准备

(1)新车一辆(见图3-26)。

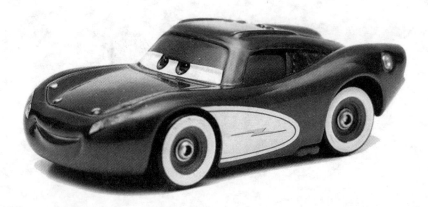

图 3-26

(2)汽车投保单。
(3)汽车保险合同。

机动车辆保险合同

机 动 车 辆 保 险 单

被保险人：

本公司按照承保险别，依据本保险单中载明的机动车辆保险条款以及其他特别约定，承担被保险人下列机动车的保险责任。

序号：	
厂牌型号：	
发动机号：	
使用：	
性质：	
吨位：	
车辆损失险 A	
第三者责任险 B	
附 加 险	
保 险	
价 值	
费率%	
保险费	
基本保险费	
保险小计	
赔 偿	
车架号码	
座位保险金额	
保险费	
座位数	
每座限额	
每座保费	
限额小计	
保费小计	

实施二　任务实施

（1）保户投保：保户填写投保单，交纳保费，如图 3-27 所示。

图 3-27

(2)保险公司承保、签订保险合同,包括核保、出具保单,出具保费的收据,如图 3-28 所示。

图 3-28

(3)保险标的发生损失,保户向保险公司提出索赔;保险公司接受索赔请求,指派查勘员到保险事故现场查勘,如图 3-29 所示。

图 3-29

(4)若属于保险责任,保险公司支付赔偿,若不属于保险责任,保险公司拒绝赔偿,如图 3-30 所示。

(5)若保单终止,则投保人需续保,如图 3-31 所示。

图 3-30

图 3-31

实施三　任务检测

(1)保单填写是否合理、规范?
(2)保险合同签字是否规范?合同细则是否清楚、明白?
(3)如何办理索赔和续保?

任务评价

任务评价表

班级:　　　　　　　组别:　　　　　　　姓名:

项目	评价内容 (请在对应条目的○内打"√"或"×",不能确定的条目不填,可以在小组评价时让本组同学讨论并写出结论)		评价等级(学生自评)		
			A 全部为√	B 有一至三个×	C 有多于三个×
关键能力自评	○按时到场 ○工装齐备 ○书、本、笔齐全 ○不追逐打闹 ○接受任务分配 ○不干扰他人工作 ○工作服保持干净 ○私人物品妥善保管 ○工作地面无脏污 ○工作台始终整洁 ○无浪费现象 ○参与了实际操作	学习期间不使用手机、不玩游戏○ 未经老师批准不中途离场○ 无违规操作○ 无早退○ 先擦净手再填写工作页○ 无安全事故发生○ 使用后保持工具整齐干净○ 能及时纠正他人危险作业○ 废弃物主动放入相应回收箱○ 未损坏工具、量具及设备○				
关键能力自评	○课前有主动预习 ○与本组同学关系融洽 ○积极参与小组讨论 ○接受组长任务分配 ○能独立查阅资料 ○工装穿戴符合要求	本小组工作任务能按时完成○ 主动回答老师提问○ 能独立规范操作○ 能主动帮助其他同学○ 不戴饰物,发型合规○				
专业能力自评	○能按时完成工作任务 ○工量具选用准确 ○无不规范操作 ○完成学习任务不超时 ○学习资料携带齐备	能独立完成工作页○ 没有失手坠落物品○ 指出过他人的不规范操作○ 暂时无任务时不无所事事○ 工作质量合格无返工○				

续表

项　目	评价内容 （请在对应条目的○内打"√"或"×"，不能确定的条目不填，可以在小组评价时让本组同学讨论并写出结论）	评价等级（学生自评）		
		A 全部为√	B 有一至三个×	C 有多于三个×
小组 评语 及建议	他（她）做到了： 他（她）的不足： 给他（她）的建议：	组长签名： 　年　月　日		
教师 评价 及建议		评价等级： 教师签名： 　年　月　日		

 相关知识

知识一　　汽车保险的办理过程

汽车一般投保流程如图 3-32 所示。

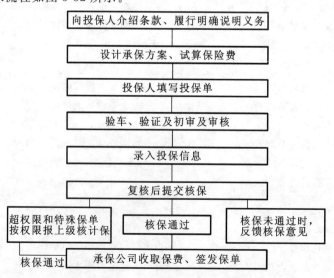

图 3-32

其中以下几点需要留心。

(1)合理选择保险公司。我们应选择具有合法资格的保险公司营业机构购买汽车保险。汽车保险的售后服务与产品本身一样重要,投保人在选择保险公司时,要了解各公司提供服务的内容及其信誉度,以充分保障自己的利益。

(2)合理选择代理人。投保人也可以通过代理人购买汽车保险。选择代理人时,应选择具有执业资格证书、展业证及与保险公司签有正式代理合同的代理人;应当了解汽车保险条款中涉及赔偿责任和权利义务的部分,防止个别代理人片面夸大产品保障功能,回避责任免除条款内容。

(3)了解汽车保险内容。投保人应当询问所购买的汽车保险条款是否经过保监会批准,认真了解条款内容,重点条款的保险责任、除外责任和特别约定,被保险人权利和义务,免赔额或免赔率的计算,申请赔偿的手续、退保和折旧等规定。此外还应当注意汽车保险的费率是否与保监会批准的费率一致,了解保险公司的费率优惠规定和无赔款优待的规定。

(4)根据实际需要购买。除了交强险是必须要买的,其他商业险,大家可以根据自己的实际需要来选择。投保人选择汽车保险时,应了解自身的风险和特征,根据实际情况选择个人所需的风险保障。对于汽车保险市场现有产品应进行充分了解,以便购买适合自身需要的汽车保险。

(5)购买汽车保险的其他注意事项。

①对保险重要单证的使用和保管。投保者在购买汽车保险时,应如实填写投保单上规定的各项内容,取得保险单后应核对其内容是否与投保单上的有关内容完全一致。对所有的保险单、保险卡、批单、保费发票等有关重要凭证应妥善保管,以便在出险时能及时提供理赔依据。

②如实告知义务。投保者在购买汽车保险时应履行如实告知义务,对与保险风险有直接关系的情况应当如实告知保险公司。

③购买汽车保险后,应及时交纳保险费,并按照条款规定,履行被保险人义务。

④合同纠纷的解决方式。对于保险合同产生的纠纷,消费者应当依据在购买汽车保险时与保险公司的约定,以仲裁或诉讼方式解决。

⑤投诉。消费者在购买汽车保险过程中,如发现保险公司或中介机构有误导或销售未经批准的汽车保险等行为,可向保险监督管理部门投诉。

知识二 汽车保险的承保

汽车保险的承保是指保险公司接到投保人的申请以后,考察被保险人的投保资格以及投保风险的性质,然后作出是否可以向被保险人发放保险单的决定。

承保实质上是保险双方订立合同的过程,即指保险人在投保人提出投保请求时,经审核其投保内容后,同意接受其投保申请,并负责按照有关保险条款承担保险责任的过程。一般先由从事展业的人员为客户制定保险方案,客户提出投保申请,经保险公司核保后,双方共同订立保险单。

承保流程如下。

知识三 核保

1. 核保制度

（1）保险公司防范、避免和解决以上现象的发生,强化经营风险控制的重要手段。

（2）通过建立核保制度,将展业和承保相分离,实行专业化管理,严格把好承保关,确保保险公司实现经营的稳定。

2. 核保制度建立的核心工作

（1）建立核保工作的组织架构。

（2）制定核保人员的资格与管理制度。

（3）编制核保手册等。

3. 核保运作的基本流程

核保运作的基本流程如下。

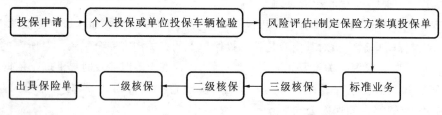

知识四 保险理赔

1. 理赔流程

一般理赔流程如图 3-33 所示。

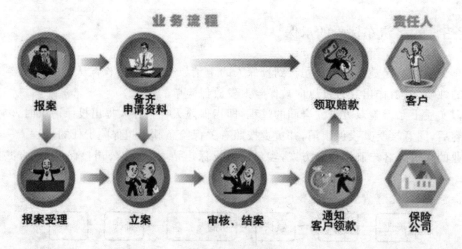

图 3-33 理赔流程

2. 接受报案

报案方式：上门、传真或电话。

报案部门：客服中心、理赔部门、业务人员、代理人等。

报案记录如下。

- 姓名及联系方式：报案人、被保人、驾驶员。
- 险情：时间、地点、简单原因、事故形态。
- 车情：厂牌、车型、牌照。

3. 出险通知

被保险人填写"出险通知书"，如图 3-34 所示。若是电话报案，则事后补填。

中华联合财产保险公司
CHINA UNITED PROPERTY INSURANCE COMPANY

机动车辆保险出险通知书

被保险人				保单、批单号		
车牌号码		厂牌型号		发动机号		
车架号		吨/座位	吨/座	初次登记年月		
出险时车辆使用性质	营业运输□	非营业运输□		驾驶员姓名		男/女
驾驶证号		准驾车型		初次领证时间		
出险时间				出险地点		
保险期限：自　　年　　月　　日零时起至　　年　　月　　日二十四时止。						
出险情况，主要原因及施救经过：						
本车损失：车损　　元；　人员：伤□　　人，亡□　　人；货物　　元 　　　　　施救费用：　　元；其他：　　元。　　　　　合计　　元						
第三者损失：车损　　元；　人员：伤□　　人，亡□　　人；货物　　元 　　　　　　施救费用：　　元；其他：　　元。　　　　　合计　　元						
杂支费用：　　元。						
经办部门意见： 电脑报案编号： 电脑立案编号： 经办人（签字）： 经办日期：				驾驶员（签字）： 联系地址： 联系电话： 报案时间： 被保险人（签字）：		

图 3-34　出险通知书

出险通知书的内容主要包括以下几方面。

(1)保险单证号码。

(2)被保险人名称、地址及电话号码。

(3)保险汽车的种类及厂牌型号、生产日期、第一次申领牌照日期、牌照号码、发动机号码等。

(4)驾驶员情况,包括姓名、住址、年龄、婚否、驾驶证号码、驾龄和与被保险人的关系等。

(5)出险时间、地点。

(6)出险原因及经过,包括:事故形态,如正碰、侧碰、追尾碰撞、倾覆、火灾、失窃等;事故原因,如超速、逆向行车、倒车不当等;发生事故前车辆的动态,如行驶方向、行驶速度、超车、转弯等;撞击部位,如车头、车中、车尾等。

(7)涉及的第三者情况,包括:姓名、住址、电话,以及第三者车辆损失情况(车牌号码、保险单号码、受损情形及承修场所),或其他财产损失情况;涉及第三者伤害的,包括伤亡者姓名、性别、受伤情形和所救治的医院名称、地址等。

(8)处理的交通管理部门名称,经办人姓名及电话号码等。

(9)被保险人签章与日期。

4.查核保单信息

1)查验内容

投保险别:初步判断事故是否属于保险责任。

保险期限:看是否处于保险期间。

交费情况:交费是合同生效的重要条件。

2)查验结果

属于保险责任,尽快立案;不属于保险责任,拒赔并书面形式说明理由。

5.安排查勘

本公司人员查勘:根据任务安排进行。代查勘:异地出险,由当地分支机构代查勘的,需将其名称登记在立案登记簿上,如图3-35所示。

图 3-35

6.立案

即正式确立案件,在立案登记簿上登记。立案目的:正式确定案件,统一编号。

7.查勘定损

保险公司赔付被保险人的前提是先判断事故是否属于保险责任范围,如果属于则赔偿。否则拒绝赔偿。

例如,车损险中应注意以下责任免除(见图3-36):
(1)特殊条件下的状况;
(2)违反驾驶员管理规定的状况;
(3)违反车辆管理规定的状况;
(4)需要单独投保的其他险种负责的状况;
(5)只能走法律程序的状况;
(6)适用交强险的状况;
(7)投保人、被保险人未履行义务造成的部分。

如果需要赔偿,则需进一步确定损失的数量(见图3-37),主要包括:

图3-36

图3-37

(1)车辆损失确定;
(2)人员伤亡费用确定;
(3)其他财产损失的确定;
(4)施救费用和残值确定。

所以,查勘和定损是保险公司履行保险职能,赔付客户赔款的前提工作。

8.车辆修复

(1)按定损项目送修(见图3-38)。
(2)变动项目及费用,需事先与保险公司协商并复勘。
(3)车主验车、付款提车,并向修理厂索取修理发票和修理清单。

9.办理索赔手续

车主向保险公司索赔时,应当向保险公司提供与确认保险事故的性质、原因、损失程度、事故后果等有关的证明和资料作为索赔证据。图3-39所示的是保险索赔申请书。

汽车营销与保险

图 3-38

中华联合财产保险公司

机动车辆保险索赔申请书

报案编号：

被保险人：		保险单号：		
厂牌型号：	号牌号码：	牌照底色：		车辆种类：
出险时间：		出险原因：		
报案人：		报案时间：		
报案方式：□95585 □传真 □上门 □其他		是否第一现场报案：□是 □否		
联系人：		联系电话：		
出险地点：		出险地邮政编码：		
出险地点分类	□高速公路 □普通公路 □城市道路	车辆已行驶里程：		已使用年限：
	□乡村便道和机耕道 □场院及其他	车辆初次登记日期：		
处理部门：	□交警 □其他事故处理部门 □保险公司 □自行处理			排量/功率：

驾驶人员情况	驾驶人员姓名：		初次领证日期： 年 月 日
	驾驶证号码：□□□□□□□□□□□□□□□□□□		
	准驾车型：□A □B □C □其他	性别：□男 □女	年龄：
	职业分类	□职业驾驶员 □国家社会管理者 □企业管理人员	
		□私营企业主 □专业技术人员 □办事人员	
		□个体工商户 □商业服务业员工 □产业工人	
		□农业劳动者 □军人 □其他	
	文化程度 □研究生以上 □大学本科 □大专 □中专 □高中 □初中及以下		

事故经过：（请您如实填报事故经过，报案时的任何虚假、欺诈行为，均可能成为保险人拒绝赔偿的依据。）

报案人签字：

年　月　日

中华联合财产保险公司_____；
　　本人的保险车辆发生的上述事故已结案。相关的索赔材料已整理齐全，现特向贵公司提出索赔申请。
　　本人声明：以上所填写的内容和向贵公司提交的索赔材料真实、可靠。没有任何虚假和隐瞒。
　　此致

被保险人签章：

年　月　日

图 3-39

1)碰撞他人财产交通事故

(1)机动车辆保险索赔申请书;

(2)保险单正本(交强险、商业险);

(3)驾驶证正、副本及复印件;

(4)行驶证正、副本及复印件;

(5)车辆修理清单;

(6)车辆修理发票;

(7)事故证明;

(8)车辆不能正常行驶时,施救费用发票;

(9)财产损失发票、清单;

(10)被保险人身份证复印件;

(11)银行账号。

2)两车碰撞交通事故(见图2-40)索赔所需资料

图 3-40

(1)被保险人身份证复印件;

(2)银行账号;

(3)双方修车发票;

(4)双方交强险保单复印件;

(5)交警责任认定书;

(6)机动车辆保险索赔申请书;

(7)保险单正本(交强险、商业险);

(8)驾驶证正、副本及复印件;

(9)行驶证正、副本及复印件;

(10)车辆修理清单;

(11)车辆修理发票;

(12)事故证明;

(13)车辆不能正常行驶时,施救费用发票。

10.审核索赔单证材料

(1)保险公司审核验证有关单据,对于不符合规定的项目和金额应予以剔除;对于有关的证明和资料不完整的,应及时一次通知被保险人补充提供有关的证明和资料。

(2)保险公司调查核实疑难问题。

(3)有关证明和资料齐全的,进行赔款理算。

11. 理算赔款

(1)赔偿的原则是先由交强险进行赔付,不足部分再由商业第三者责任险来补充。组合购买交强险和商业第三者责任险时,保障额度也不是两个险种额度的简单相加。

(2)根据被保险人提供的经审核无误的有关费用单证,对交强险、车辆损失险、第三者责任险、附加险及施救费用等分别计算赔偿金额。

12. 核赔、赔款、结案

最后进行核赔、赔款、结案。

项目小结

(1)汽车保险是承担机动车由于自然灾害或意外事故所造成的人身伤亡或财产损失的赔偿责任的一种商业保险。

(2)汽车保险险种。

(3)购买的保险组合推荐为:交强险+车辆损失险+第三者责任险+车上人员责任险+玻璃单独破碎险+不计免赔特约险+全车盗抢险投保。

(4)车辆损失险是指车主向保险公司投保的预防车辆可能造成损失的保险。

(5)机动车交通事故责任强制保险(简称"交强险")是我国首个由国家法律规定实行的强制保险制度。《机动车交通事故责任强制保险条例》规定:交强险是由保险公司对被保险机动车发生道路交通事故造成受害人(不包括本车人员和被保险人)的人身伤亡、财产损失,在责任限额内予以赔偿的强制性责任保险。

(6)汽车保险的承保是指保险公司接到投保人的申请以后,考察被保险人的投保资格以及投保风险的性质,然后作出是否可以向被保险人发放保险单的决定。

综合测试

一、判断题

1. 汽车保险赔偿时,若保险金额高于实际损失,则保险赔偿应以实际损失为准。(   )

2. 受损车辆未经保险人同意而由被保险人自行送修的,保险人有权重新核定修理费用或拒绝赔偿。(   )

3. 一辆车的前挡风玻璃破碎后呈蛛网状裂痕,且碎片仍然黏结在一起,则该前挡风玻璃属于钢化玻璃。(   )

4. 强制汽车责任保险费率实行"奖优惩劣"。(   )

5. 投保是投保人向保险人表达缔结保险合同意愿的行为,即要约行为。(   )

6. 强制汽车责任保险的目的是使事故受害者能获得基本保障。（   ）
7. 投保人对保险标的必须具有保险利益。（   ）
8. 区分本次事故造成的损失和非本次事故造成的损失，一般是根据事故部位的痕迹进行判断的。（   ）
9. 汽车保险合同实行一车一单（保险单）和一车一证（保险证）制度。（   ）
10. 对损失金额较大，双方协商难以定损的，或受损车辆技术要求高，难以确定损失的，可聘请专家或委托公估机构定损。（   ）
11. 批改是指保险合同成立后，对其进行修改、补充或增删的一种作业。（   ）
12. 拍摄照片中必须有反映车牌号码和损失部分的全景照片。（   ）
13. 根据投保金额、投保类型、投保申请的地理位置或递交投保申请的代理人分派个案，核保师可以专门从事某一类型的个案的核保模式是分级设置模式。（   ）
14. 当需要拍摄事故现场的各种痕迹、物证，以反映其大小、形状、特征时，需要采用细目摄影。（   ）
15. 特殊风险业务（如高价值车辆业务、车队业务）的核保一般由二级核保人负责审核。（   ）
16. 人身伤亡案件中对误工费、护理费、二次医疗费、伤残补助给付无诊断证明、伤残鉴定、抚养费证明等相关证明是一种不正确的表现。（   ）
17. 车险理赔可以发现和检验展业承保工作的质量。（   ）
18. 同种车型相同零部件报价金额差异大于10%，是价格确定明显不合理的表现。（   ）
19. 保险车辆违反法律法规中有关机动车辆装载规定，造成保险事故的，在理赔时应增加5%的绝对免赔率。（   ）
20. 在财产保险业务中，汽车保险是道德风险的"重灾区"。（   ）
21. 车辆定损以后，在解体车辆时如发现尚有事故损失部位未定损的，经核实后可追加修理费。（   ）
22. 机动车辆发生保险事故后，除不可抗拒力外，被保险人应在保险事故发生后48小时内通知保险公司。（   ）
23. 有关安全的零部件受损变形后，从质量和安全角度考虑，应适当放宽换件的标准。（   ）
24. 现场查勘工作必须由两位或以上查勘定损人员参加，尽量查勘第一现场。（   ）
25. 保险人在拥有物上代位后，保险标的所有利益归保险人所有，若保险利益超过赔偿，则超过部分退还被保险人。（   ）
26. 对接近保险起止时间的案件应特别注意查实，排除道德风险因素。（   ）
27. 若保险人在订立汽车保险合同时未履行责任免除明确说明义务，则该合同的责任免除条款无效。（   ）
28. 结案率指当年已结案件数占已结案件件数与未决赔案件数总量的比例。（   ）
29. 保险车辆发生事故后，商业第三者责任险在计算人员伤亡费用时，要考虑医疗费、精神损失补偿费、误工费等。（   ）
30. 理算是保险公司按照法律和保险合同的有关规定，根据保险事故的实际情况，核定和计算应向被保险人赔付金额的过程。（   ）

二、简答题

1. 强制汽车责任保险与商业汽车责任保险相比,具有哪些特征?

2. 简单阐述"产品质量保证保险""产品责任保险""汽车保险"的保险责任,并分析在一起汽车碰撞事故中三个险种如何区分?

项目四

汽车维修接待

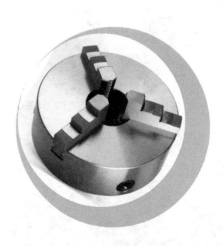

 **项目情景**

张女士的车刚做完保养不久,车就出现了怠速不稳的情况,于是她到4S店检查。

张女士:"为什么保养后不久又出现了问题?"

维修接待:"由于这些问题对您造成的不便,我们表示非常抱歉。我们会立刻对您的车进行检测,由于造成故障的原因有很多,在检测结果出来之后,我们会尽快给您一个满意的答复和解决方案。"

于是维修接待向维修部反应,并在最短的时间内解决了张女士的顾虑。图4-0所示的为维修接待区。

图 4-0

以上情景每天都会在4S店里发生,接待人员成为维修接待,维修接待的工作涉及以下任务。

 **工作任务**

任务一　汽车维修接待人员职责与工作流程

任务二　售后客户关系维护

任务二
汽车维修接待人员职责与工作流程

 **任务描述**

汽车(见图4-1)维修业务接待员,可以说是一家维修企业专业化形象的代言人,通过其工作有助于平均分配企业每天的工作量,为企业增加利润,同时减少返工量,提高劳动效率,进而优化客户的满意度和忠诚度。

图 4-1

 任务目标

(1)掌握汽车维修业务接待员的职责。
(2)对汽车维修业务进行接待。

 任务分析

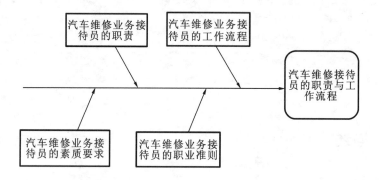

任务实施

实施一　任务准备

工作单相关资料,如图 4-2~图 4-8 所示。

外观确认:	检查确认者:
	功能确认:(工作正常则打"√",不正常则打"×") □音响系统　　□门锁(防盗器)　　□全车灯光 □工具　　　　□后视镜　　　　　□天窗　　□座椅 物品确认:(有则打"√",无则打"×") □贵重物品提示 □工具　备胎　□灭火器 □其他(　　　　) 旧件交还顾客□是□否

检测说明:本次检测的故障如顾客在本店维修,检测费包含在修理费内,如顾客不在本店维修,请您支付检测费。
贵重物品:在将车辆交给我店检查修理前,已提示将车内贵重物品自行收起并保存好,如有遗失恕不负责。
业务接待:_____　　　　　　　　　　　　　　　　　　　　　　　　　　顾客确认:_____

图 4-2

汽车基本情况登记单

车牌号：_____	行驶里程_____（km）	车架号：_____
顾客姓名：_____	电话：_____	来店时间：_____

顾客陈述及故障发生时的状况：

故障发生状况提示、行驶速度、发动机状态、发生频度、发生时间、部位、大气、路面状况、声音描述

接车员检测确认建议：

检测确认结果及主要故障零部件：

图 4-3

客户信息登记单

顾客签字	业务接待员签字

工单 NO：　　　　　　业务接待员：

车牌号		VIN 号			
顾客 ID		顾客姓名			
邮政编码		地址			
电话 1		电话 2			
车型			外观色		内饰色
入厂履历					
上次行驶公里		入厂预定		卡号	

图 4-4

维修施工单

入厂日	维修内容	入厂日	维修内容
此次入厂情况		交车预定时间	
此次行驶公里		下次入厂预定	
委托事项	维修内容		必要的零件
开始时间	完成时间	主修签字	主任签字	检验员签字

注意事项:

1. 本施工单经双方确认后具有合同效力,可作为维修预检交接单使用。任务书为概算费用,凭维修结算清单结算。按实际发生金额结算,结算方式及期限:_____。

2. 承修方在维修过程中增加维修项目或费用及延长维修期限时,承修方应及时通知托修方,并以书面等形式确认。使用的正副厂配件及质量担保期由双方约定,必要时,附材料清单作为任务书的附件,托修方自带配件,承修方应查验登记,由此产生的质量问题,承修方不负责任。

3. 承修方应妥善保管托修车辆。托修方应将随车贵重物品随身带走,如有遗失,承修方不承担责任。

4. 维修质量保证期:从竣工出厂之日起_____日或行驶里程_____公里,以先达到指标为准。

图 4-5

维修派工单

业主姓名		房号		预约时间	日 时 分
预约项目				派工人	
维修内容	维修完工确认签字				
	开工时间	日 时 分	完工时间	日 时 分	车主认可签字:
验收意见					
回访验证:(上门/电话/信函)				回访人:	
备注:					
维修组确认:			物业服务中心确认:		

图 4-6

结算单

工号 NO：_____ 顾客：_____ 车型：_____ 车牌号：_____

维修类别	班组	工时费	材料费	管理费	税费	总额

序号	材料名称	单位	数量	单价	金额	备注
1						
2						
3						
4						
5						
6						
7						
8						
9						
总额		万　千　百　拾　元				¥

日期：_____ 制表：_____ 财务：_____ 复核：_____

图 4-7

回访记录单

日期：_____

序号	顾客姓名	车牌号	联系电话	维修单号	出厂时间	车辆使用情况	工作人员态度	工作人员效率	工作人员业务水平	满意度	意见与建议
1											
2											
3											
4											
5											
6											

图 4-8

实施二 任务实施(见图4-9)

图 4-9

1.预约

预约的工作内容如下。
(1)询问顾客及车辆基础信息(核对用户数据,登记新用户数据)。
(2)询问行驶里程。
(3)询问上次维修时间及是否为返修。
(4)确认顾客的需求及车辆故障问题。
(5)介绍特色服务项目及询问顾客是否需要这些项目。
(6)确定维修接待员的姓名。
(7)确定接车时间并暂定交车时间。
(8)提供价格信息。
(9)提醒顾客带相关资料(随车文件、维修记录)。

2.业务接待

业务接待过程分别如图4-10、图4-11、图4-12所示。

项目四　汽车维修接待 | 151

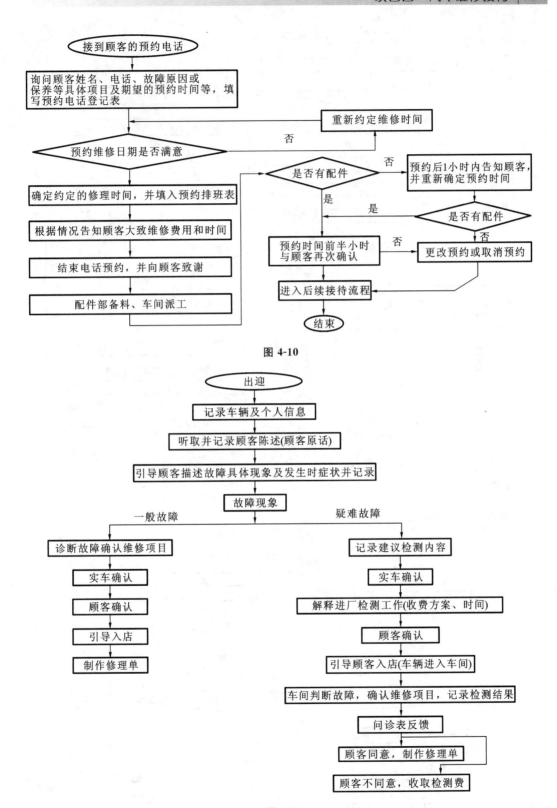

图 4-10

图 4-11

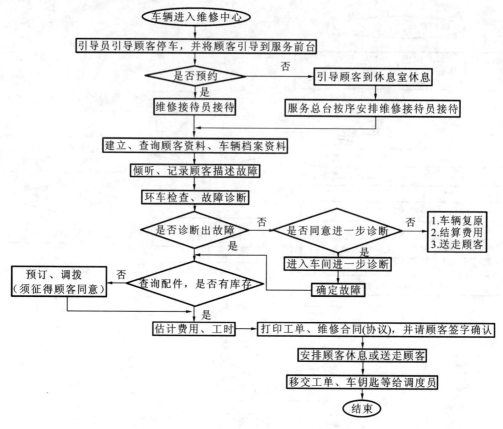

图 4-12

3.维修作业

维修作业过程如图 4-13 所示。

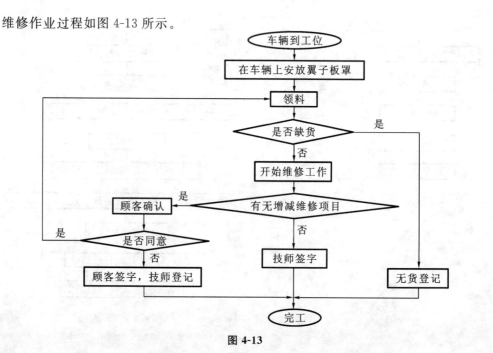

图 4-13

安装三件套,如图 4-14 所示。

图 4-14

维修接待员待顾客签字确认维修工单后,将维修工单交给维修车间。车间维修技术员根据维修工单(任务委托书或维修合同),按要求正确使用工具和维修资料,对所有车辆机械装置和车身各部件执行高质量的维修和保养,使车辆恢复出厂时的参数,达到质量要求,确保顾客满意。

换车检查的位置和内容如图 4-15 所示。

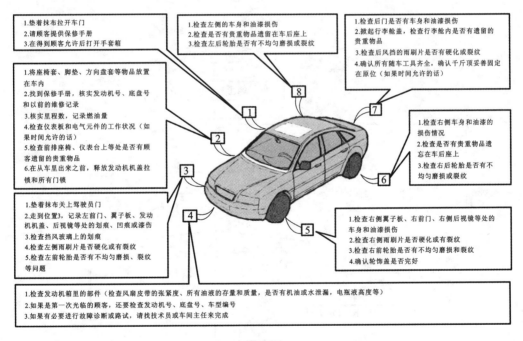

图 4-15

看板管理如图 4-16 所示。

4.质检

车辆在车间维修完成后,经过了维修技术人员严格的自检、班组组长复检和车间主管/质检技术员的终检,维修质量得到了很好保障,如图 4-17 所示。但是,为了确保在交付车辆时能兑现对顾客的质量承诺,维修接待员还应该在车辆交付前对修好车辆进行严格的交车前检查,掌握顾客车辆的详细维修细节和车辆状态,确保能让顾客满意。

内容一:质量检查。

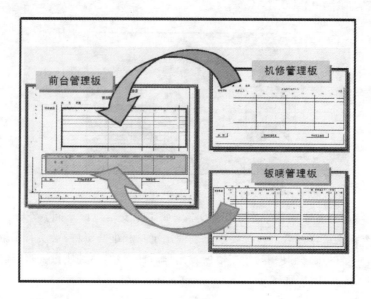

图 4-16

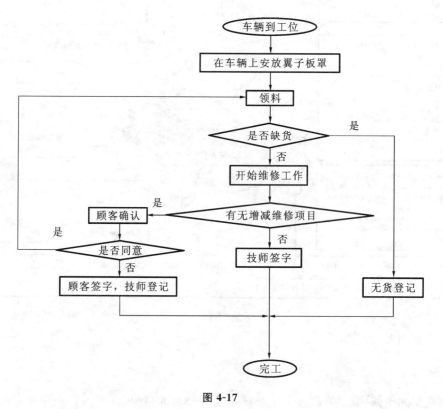

图 4-17

内容二：整理旧件。

若在维修工单上注明顾客需要将旧件带走，维修技术员则应将旧件擦拭干净，包装好，放在车上或放在指定的位置。

内容三：车辆清洁。

维修车辆经质量检查合格后,应该对车内外进行必要的清洁,以保证车辆交付给顾客时维修完好、内外整洁、符合顾客要求。车辆清洁以后要通知维修接待员。

内容四:交车前检查。

维修车辆的所有维修项目结束并经过检验合格之后,维修接待员进行交车前检查。

检查的主要工作内容是核对维修项目、工时费、配件材料数量,材料费是否与估算的相符,完工时间是否与预计相符,故障是否完全排除,旧件是否整理好,车辆是否清洁。检查合格后通知顾客交车。

5. 结算/交车

结算/交车环节是服务流程中与顾客接触的环节,由维修接待员来完成,如图 4-18 所示。

在顾客来接车之前,维修接待员应把结算单打印好。顾客到维修服务企业后,维修接待员接待顾客,向顾客解释车辆的维修情况和结算单内容。这么做是为了尊重顾客的知情权,消除顾客的疑虑,让顾客明白消费,提高顾客满意度。

内容一:维修过程解释。

内容二:结算单内容解释。

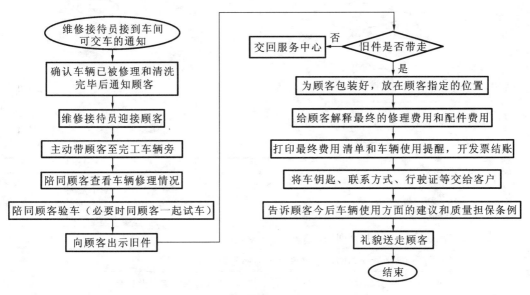

图 4-18

6. 跟踪回访

跟踪回访是维修服务流程中的最后一道环节,属于与顾客的接触沟通和交流环节,一般通过电话访问的方式进行,如图 4-19 所示。较好的后续跟踪服务,一方面能够掌握售后服务中心维修业务存在的不足,另一方面又能够更好地了解顾客的期望和需求,接受顾客和社会监督,增强顾客的信任度。后续跟踪服务是一项整体行为,高层管理人员应将其作为增强员工服务意识、改进工作作风、提高服务质量和水平的一项重要举措,要确保落实后续服务中所反映出来的问题的改进工作及事后改进的督促和检查,使其真正发挥后续跟踪服务的作用,促进服务和维修工作上一个新的台阶。

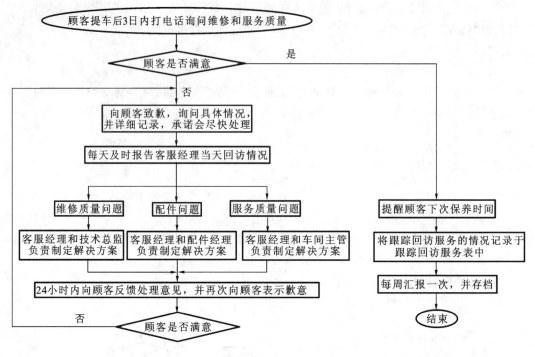

图 4-19

实施三　任务检测

(1) 制定汽车维修接待工作流程并实施。

(2) 根据实施工作完成下表。

考核内容	评价要点	备注
岗位职责	1. 执行标准接待流程,保证客户对前台人员满意度	
	1.1 出迎环节(主动出迎问候顾客)	
	1.2 诊断环节(正确使用问诊表及执行接车环节的操作标准)	
	1.3 维修前维修项目及价格的说明环节(顾客清楚明白维修项目及价格)	
	1.4 维修后维修项目及价格的说明环节(顾客清楚明白维修项目及价格)	
	1.5 交车结账环节(陪同顾客结算)	
	1.6 送别环节(执行送别顾客的标准程序)	
	1.7 做好规范接待	
	2. 执行预约顾客接待流程	
	3. 及时更新客户资料,保证顾客资料100%准确	
	4. 协助部门经理做好前台各项管理工作,监督前台各项流程的执行	

任务评价

任务评价表

班级：　　　　　　　组别：　　　　　　　姓名：

项　目	评价内容 （请在对应条目的○内打"√"或"×"，不能确定的条目不填，可以在小组评价时让本组同学讨论并写出结论）	评价等级（学生自评）		
		A 全部为√	B 有一至三个×	C 有多于三个×
关键能力自评	○按时到场　　　　　　学习期间不使用手机、不玩游戏○ ○工装齐备　　　　　　未经老师批准不中途离场○ ○书、本、笔齐全　　　　无违规操作○ ○不追逐打闹　　　　　无早退○ ○接受任务分配　　　　先擦净手再填写工作页○ ○不干扰他人工作			
	○工作服保持干净　　　无安全事故发生○ ○私人物品妥善保管　　使用后保持工具整齐干净○ ○工作地面无脏污　　　能及时纠正他人危险作业○ ○工作台始终整洁　　　废弃物主动放入相应回收箱○ ○无浪费现象　　　　　未损坏工具、量具及设备○ ○参与了实际操作			
	○课前有主动预习　　　本小组工作任务能按时完成○ ○与本组同学关系融洽　主动回答老师提问○ ○积极参与小组讨论　　能独立规范操作○ ○接受组长任务分配　　能主动帮助其他同学○ ○能独立查阅资料　　　不戴饰物，发型合规○ ○工装穿戴符合要求			
专业能力自评	○能按时完成工作任务　能独立完成工作页○ ○工量具选用准确　　　没有失手坠落物品○ ○无不规范操作　　　　指出过他人的不规范操作○ ○完成学习任务不超时　暂时无任务时不无所事事○ ○学习资料携带齐备　　工作质量合格无返工○			
小组评语及建议	他（她）做到了： 他（她）的不足： 给他（她）的建议：	组长签名： 　　年　　月　　日		
教师评价及建议		评价等级： 教师签名： 　　年　　月　　日		

 相关知识

1.汽车维修业务接待的作用

汽车维修业务接待的作用如图 4-20 所示。

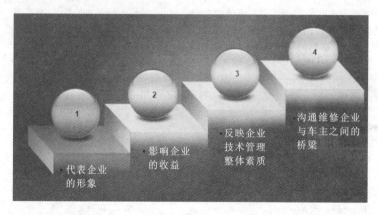

图 4-20

在顾客的信任下,随着业务接待专业能力不断加强,其所扮演的角色就是如何建议顾客做最好的维修项目,以保障车辆的长期使用。

再者维修业务接待需掌握汽车维修企业的工作流程及工作进度,其目的是为确认顾客的车辆维修进度,了解能否在顾客确认的时间内顺利完成,或者是提早告知顾客车辆的状况,使车主能有心理准备。

最后,维修业务接待还必须站在顾客的立场,为顾客检查爱车,使顾客从进厂到交车能接受完整的服务,以达成顾客满意,从而提高顾客满意度。

2.汽车维修业务接待的素质要求

汽车维修业务接待的素质要求如图 4-21 所示。

品格素质要求如下。

(1)忍耐与宽容是优秀维修接待人员的一种美德。

(2)不轻易承诺,说了就要做到。

(3)勇于承担责任。

(4)拥有博爱之心,真诚对待每一个人。

(5)谦虚是做好客户服务工作的要素之一。

(6)强烈的集体荣誉感。

技能素质要求如下。

(1)良好的语言表达能力。

(2)丰富的行业知识及经验。

(3)熟练的专业技能。

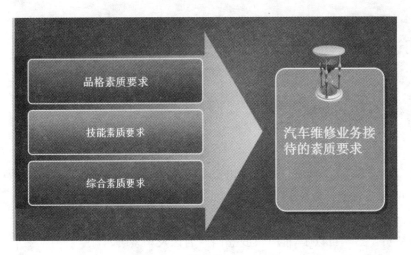

图 4-21

(4)优雅的形体语言表达技巧。
(5)思维敏捷,具备对顾客心理活动的洞察力。
(6)具备良好的人际关系沟通能力。
(7)具备专业的客户服务电话接听技巧。
(8)良好的倾听能力。

综合素质要求如下。
(1)"客户至上"的服务观念。
(2)工作的独立处理能力。
(3)各种问题的分析解决能力。
(4)人际关系的协调能力。

3.汽车维修业务接待的职业道德规范

汽车维修业务接待的职业道德规范如图 4-22 所示。

图 4-22

 知识拓展

拓展一　预约范例

步骤一：应答并自我介绍。

维修接待员："早上好,这里是顺风丰田服务部,我是胡凡。"

顾客："我想给车做个保养,顺便修一下排气系统。"

步骤二：询问顾客的姓名和车辆详细情况。

维修接待员："当然可以了,能告诉我您的姓名以及车型吗?"

顾客："李京,车是我丈夫的,车型是佳美。"

维修接待员："没错,我想起来了,白色的佳美,2004年的车型。"

顾客："对,就是它已经行驶了80000公里,最近我丈夫发现排气系统开始出现噪声,他认为需要换个后消音器,您能安排明天吗?星期五?"

步骤三：为顾客提供若干选择时间,即星期几、几号。

维修接待员："非常抱歉,李太太,明天的预约已经满了,做保养和维修排气系统至少需要3个小时,我们可以将预约安排在下周二、周三或周四的任意时间,您方便哪天来?"

顾客："排气噪声太恼人了,我想越快解决越好。您能周二上午维修,然后中午交车吗?"

维修接待员："好的。我们可以在周二上午8:30开始工作,即使要更换整个排气系统,不单是消音器,到12:00我们也可以将车辆修好。"

步骤四：如果可能的话,提供保养和基本维修的报价。

顾客："太好了,那就定在下周二上午吧。顺便问一下,价格是多少?"

维修接待员："80000公里保养需250元(含零件、润滑油和工时费),更换后消音器需99元。如果需要更换整个排气系统需花费160元(含工时费),检查车辆后我将给您一个明确的报价。"

顾客："但愿只更换后消音器就可解决问题,那就将预约定在下周星期二吧。但是请您确认能准时交车,我下午14:00有个约会,需要用车。"

步骤五：确认和顾客达成的协议,重复星期几、几号、时间和顾客的要求。

步骤六：确认是否需要为顾客提供交通工具。

维修接待员："我们确定能准时交车,那么李太太,我们将预约定在下周二,即8月31日上午8:30,为您做80000公里保养并解决排气噪声问题,车辆维修将于中午12:00前完成。顺便问一下,需要为您提供交通工具吗?"

顾客："不用了,胡凡,我的朋友会来接我。"

步骤七：感谢顾客。

维修接待员："感谢您致电,咱们下周二上午8:30见。"

顾客："谢谢你,胡凡。再见。"

小贴士　　　总是要让顾客先结束通话(挂电话)。

拓展二　　**维修案例(见图 4-23)**

黄先生是一位非常急躁的人,这天他的丰田车发动机开了锅。于是他把车开到某汽车维修服务中心去修理。

维修方法:和顾客一起按图 4-23 中的顺序环车检查,将检查结果记录在修理或检查表格中。

图 4-23

经该中心的技术员检查,发现是发动机气缸垫坏了。黄先生下午 1 点还要到 200 公里外的地方谈一笔大生意,因此他希望在这之前将车修好。现在是上午 9 点,依维修接待员的经验,更换气缸垫的时间是绰绰有余的,于是答应了黄先生的要求。

黄先生就办其他事去了。维修技术员马上抓紧时间维修起来,一切顺利,在 11:20 气缸垫也更换完毕。试车后感觉水温表指示比正常值高一点,但没有开锅。经过维修技术员又一次紧张的检查,分析是水箱有小部分堵塞。这种情况若控制好车速,发动机可能不会开锅,但万一开锅呢? 这时已是 12 点多了,黄先生也来提车了。维修接待员告诉他气缸垫更换好了,但水温表指示比正常值高一点,原因是水箱有小部分堵塞,拆装清洗水箱至少需要两个小时。黄先生一听就急了:"你们怎么答应的,耽误我的大生意谁负责? 不行,我先开车走,回来再修。"维修接待员耐心做着说服工作,告诉他这样行驶的危害。

黄先生终于同意,由该维修服务中心为他提供另外一辆车去谈生意。第二天,维修接待员将一辆完好的车辆交给了黄先生,并再次向他表示歉意。黄先生表示满意,开着自己的车欣然离去。

拓展三　结算、交车案例

交车时可以增加一点额外的服务。

按照顾客要求完成维修后,维修接待员就基本完成了工作。但是还可以多做一点工作,使顾客对维修接待员的关怀体贴产生深刻印象,这不会增加任何额外费用,但的确能够获得顾客的好感。

在工作过程中,你可能注意到一些顾客尚未察觉的问题。你作为维修接待员所提的一些专业建议,有可能防止一些故障重新发生。通常在交付维修车辆时,可以口头或以信息卡的形式提出这些建议(包括维修时已经处理过的,提醒顾客今后注意)。例如:

(1) 发现离合器盘过早磨损,可以建议顾客开车时不要将脚放在离合器踏板上。
(2) 消音器的螺栓松了,我们已帮您拧紧了。
(3) 驻车制动器操纵杆行程太长,这可能导致驻车制动器失灵,我们已经调整了。
(4) 四个轮胎的胎压都太高,这会加速轮胎磨损,我们已将它调整至规范值。
(5) 您的备胎气压只有 60 kPa,我们已增加至 200 kPa,以确保随时能用。
(6) 保险丝盒里已经没有备用保险丝了,建议买几个备用。
(7) 加速/制动/离合器踏板橡皮已经磨光了,建议更换,否则雨天可能打滑。
(8) 换挡杆防尘套已经破裂,车外噪声会由此传入,换上新的会安静得多。
(9) 千斤顶松了,在行李舱内晃荡作响,我们已将其放入固定夹中。
(10) 发动机机盖不能平顺开关,我们已给发动机盖铰链加了润滑油。
(11) 车窗喷洗液喷嘴被车蜡堵住了,喷洗液喷不出来,我们已将车蜡清除了,但是以后打蜡时要注意。

以上类似的内容还可以列出很多。

拓展四　回访跟踪案例

维修后跟踪服务电话的范例。

步骤一:准备。

确认你看过顾客的发票/维修工单,且将其置于你的面前。

步骤二:确认和你交谈的人是你要找的人。

维修接待员:"晚上好,我是顺风丰田的维修接待员,我能找一下郭军先生吗?"

顾客:"我就是,你请讲。"

步骤三:询问是否方便交谈。

维修接待员:"郭军先生,您好,我能耽误您几分钟时间了解一下您爱车制动器的修复情况吗?"

顾客:"好,你说。"

步骤四:解释致电的目的。

维修接待员:"我这次给您致电,是想确认您感觉车上的制动器工作是否一切如意。过去的一周内车辆的表现如何?"

步骤五:请顾客给予评价。

顾客:"没问题,运行得非常好。必须承认,当发现制动时车辆向左跑偏时,我非常失望,但顺风丰田的确很及时地解决了问题。"

维修接待员:"我们的工长告诉我,故障的起因是制动钳活塞被卡住了。得知制动器现在运行正常我就放心了。谢谢您的时间。"

步骤六:要感谢顾客的时间。

顾客:"谢谢你,我很感谢你即时致电。"

维修接待员:"不客气、谢谢您,晚安!"

顾客:"晚安!"

任务二 售后客户关系维护

 **任务描述**

维护客户关系(见图4-24)是指,在销售完成后对客户进行跟踪回访。客户跟踪回访就是通过对接受服务的客户进行定期回访,来查找工作中的失误和问题产生的原因,减少或消除客户的误解、抱怨,并使客户感受到关心和尊重,从而与客户建立更牢固的关系,以增加客户的忠诚度。

图 4-24

（1）客户关系维护的内容。
（2）客户关系维护方法实施。

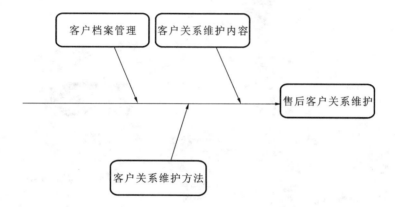

任务实施

实施一　任务准备

（1）确定回访客户，并整理相关资料。
（2）客户跟踪记录表如图 4-25 所示。

客户跟踪记录表

序号	客户资料				回访			回访记录								回访处理	备注
	维修委托编号	客户姓名	车牌号	电话	回访日期	回访成功	成功原因	上次维修情况	问题A	问题B	问题C	问题D	问题E	问题F	其他问题	再次回访	
1																	
2																	
3																	
4																	
5																	
6																	
7																	
8																	
9																	

图 4-25

(3)制订回访计划。

实施二　任务实施

任务实施过程如图4-26所示。

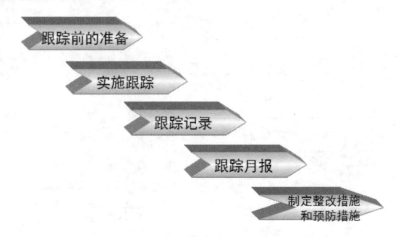

图 4-26

1.实施跟踪

按照跟踪计划实施电话回访。
按照预先准备的问题进行提问并且在《客户跟踪记录表》上记录。
(1)电话回访(见图4-27),问候。

图 4-27

常用话术：
"您好！xxx企业客户关系顾问xxx,您是xx先生/女士吗？xxx时您的车到我处进行过xxx维修,我厂(站)委托我打电话给您,对您光临我站表示感谢,如果您有时间的话,我们想对您进行电话回访?"
(2)回访中。
每一个问题客户只需要回答"是"或"否",在《客户跟踪记录表》上记录回访内容。
(3)结束。
常用话术：

"谢谢您提出的宝贵意见,我将把您的意见很快反馈给有关部门,非常感谢您接受我们的回访,同时再次感谢您光临我站,再见××先生/女士!"

2.跟踪记录

客户回访月报:
(1)本月应回访数量;
(2)实施回访数量及百分比(实施回访数量/本月应回访数量);
(3)成功回访数量及百分比(成功回访数量/本月应回访数量);
(4)对上次维修的满意度;
(5)各个问题的满意度;
(6)客户反映比较多的问题等。

3.制定整改措施和预防措施

整改措施和预防措施如图 4-28 所示。

预防纠正措施表

编号:

部门		主管	
不符合项			
不符合原因			
预防及纠正措施	责任人	完成时间	总经理批准
	制定	日期	
预防纠正措施跟踪完成情况:			
	跟踪人	日期:	总经理:

图 4-28

4.客户档案建立、维修记录

(1)车辆文本文件包括《客户购车意向表》、《新车销售合同》、《新车准备任务书》、《交车检查表》、《新车发票》复印件、《合格证》复印件、《车辆行驶证》(见图 4-29)复印件、车辆保险等。

图 4-29

(2)车辆维修方面的文本文件包括《维修委托书》、《备件出库单》、《结算单》、车辆维修检测结果等。

(3)档案(见图 4-30)的保存建议是一车一档,以车牌号、VIN 号或客户姓名来进行检索或编号,保存可以利用图 4-31 所示的文件柜来保管。

保有顾客资料更正单 更正日期： 年 月 日				销售经理或客户经理	销售主管或客户主管	销售顾问或回访员
顾客名称	牌照号码	更正项目代号	更正后内容	原因说明		
更正项目代号说明						
更正项目说明	02:接洽人	07:营业事业或身份	12:使用人	17:领照日期		
	03:户籍地址	08:出生年月日	13:厂牌	18:车辆基盘注记		
	04:户籍电话	09:行业类别	14:车型	19:车辆资料排除		
	05:通信地址	10:顾客基盘编号	15:车型分类	20:顾客资料清除		

图 4-30

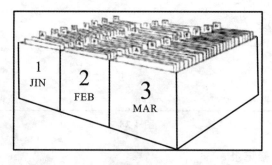

图 4-31

5.服务活动

开展各种服务活动,为顾客提供便利。

实施三　任务检测

(1)制订客户回访计划,并实施。
(2)根据实施结果填写下表。

姓　名		时间		是	否	其他
考核项目	考核内容					
行为规范	遵守工作纪律和安全保密的有关规定					
	遵守考勤和培训的有关规定					
	遵守相关工作态度的规定					
	遵守着装和仪容的有关规定					
	遵守行为举止和基本礼仪的规定					
	遵守环保、节约的规定					
工作质量	故障诊断准确率或事故定损准确率达到95%					
	用户合理投诉					
	接待按规范操作,单据填写完整、正确、及时					
	因失职导致客户流失					
	个人入场台数完成率					
	个人服务收入完成率					
	按照公司及厂家的要求,准确、及时处理相关数据、报表					
	对工作充满激情、锲而不舍					
	对工作的失误能够勇于承担责任并改正错误,避免再次发生					
	能够并可以回收的物品没有回收					
	个人工作区域和卫生责任区干净、整洁、有序、安全,没有多余的物品					
	月度工作计划和总结符合要求					
	学习与工作相关的知识以提高自己的技能,并用于工作实际					

 任务评价

任务评价表

班级：　　　　　　　组别：　　　　　　　姓名：

项目	评价内容 （请在对应条目的○内打"√"或"×"，不能确定的条目不填，可以在小组评价时让本组同学讨论并写出结论）		评价等级（学生自评）		
			A 全部为√	B 有一至三个×	C 有多于三个×
关键能力自评	○按时到场 ○工装齐备 ○书、本、笔齐全 ○不追逐打闹 ○接受任务分配 ○不干扰他人工作	学习期间不使用手机、不玩游戏○ 未经老师批准不中途离场○ 无违规操作○ 无早退○ 先擦净手再填写工作页○			
	○工作服保持干净 ○私人物品妥善保管 ○工作地面无脏污 ○工作台始终整洁 ○无浪费现象 ○参与了实际操作	无安全事故发生○ 使用后保持工具整齐干净○ 能及时纠正他人危险作业○ 废弃物主动放入相应回收箱○ 未损坏工具、量具及设备○			
	○课前有主动预习 ○与本组同学关系融洽 ○积极参与小组讨论 ○接受组长任务分配 ○能独立查阅资料 ○工装穿戴符合要求	本小组工作任务能按时完成○ 主动回答老师提问○ 能独立规范操作○ 能主动帮助其他同学○ 不戴饰物，发型合规○			
专业能力自评	○能按时完成工作任务 ○工量具选用准确 ○无不规范操作 ○完成学习任务不超时 ○学习资料携带齐备	能独立完成工作页○ 没有失手坠落物品○ 指出过他人的不规范操作○ 暂时无任务时不无所事事○ 工作质量合格无返工○			
小组评语及建议	他（她）做到了： 他（她）的不足： 给他（她）的建议：		组长签名： 　　　年　　月　　日		
教师评价及建议			评价等级： 教师签名： 　　　年　　月　　日		

 相关知识

知识一　如何与客户建立互信的关系

客户想法:我想和那些诚实可信的,并理解我的时间是宝贵的销售人员打交道。我只会把时间给那些关心我的需求的专业人员或销售人员。

做好与意向客户联系的各项准备:备好记有客户姓名、电话号码、信息来源和先前联系记录的文件。销售人员使用"意向客户级别状况表""销售活动日报表""意向客户管理卡"等对自己的意向客户进行定期的跟踪服务,同时填写登记表并归档。

制定今天要联系的客户名单和最低联系的数量。

与潜在的客户联系,并确定你已找到要找的人,介绍你自己和你专营店详细情况。

说明你来电的理由,并确认该客户有足够的交谈时间。注意在你们约定的时间内完成交谈,不要随意占用客户的时间。

以客户为导向,帮助客户解决问题。

知识二　提供满意的售后服务

提供客户满意的售后服务的方法有三种:经常打电话、写信、亲自回访。

 发出第一封感谢信的时间

> 第一封感谢信应在客户交车的 24 小时内发出。这样做的好处是:有可能在客户及新车尚未到家(单位)的时候,其家人(单位的同事)就已经通过这封精美的感谢信知道了。因为这封感谢信的作用,使大家不光知道了客户购车的消息,大家会恭喜他,更重要的是向大家传递了这家汽车专营店做事规范、令人满意、值得信赖的良好信息。而这个重要信息,说不定就能影响到在这群人当中的某一个成为你的潜在购车客户,即时地扩大了企业的知名度。
>
> 这叫"锦上添花"。

 打出第一个电话的时间

> 在交车后的 24 小时内由 4S 店的销售经理负责打出第一个电话。
> 电话内容:

一是感谢客户选择了我们专营店并购买了我们品牌的汽车；

二是询问客户对新车的感受，有无不明白、不会用的地方；

三是询问客户对专营店和销售人员的服务感受；

四是了解员工的工作情况和客户对专营店的看法及好的建议，以便及时发现问题加以改进；

五是及时处理客户的不满和投诉；

六是询问新车上牌情况和是否需要协助。

最后将访问结果记录到调查表里，以便跟踪。

 打出第二个电话的时间

在交车后的7天内由售车的销售顾问负责打出第二个电话。

内容包括：询问客户对新车的感受；新车首次保养的提醒；新车上牌情况，是否需要帮助；如实记录客户的投诉并给予及时解决，若解决不了，则及时上报，并给客户反馈。

最后将回访结果记录到调查表里。

 不要忘了安排面访客户

可以找一个合适的时机，如客户生日、购车周年、工作顺道等去看望客户，了解车辆的使用情况，介绍公司最新的活动以及其他相关的信息。

最后将面访结果记录到调查表里。

 每两个月安排与客户联络一次

其主要内容包括：保养提醒；客户使用情况的了解；投客户的兴趣所好；选择适当的时机与客户互动，如一起打球、钓鱼等。

通过这些活动，增进友谊，变商业客户为真诚的朋友，协助解决客户的疑难问题等。

 不要忽略平常的关怀

4S店经常举办免费保养活动，经常举办汽车文化讲座和相关的活动，新车、新品上市的及时通知，天气冷热等突发事件的短信关怀；遇到客户的生日或客户家人的生日及时发出祝贺，客户的爱车周年也不要忘记有创意地给予祝贺；遇到好玩的"段子""笑话"用手机短信或E-mail发送一下与客户分享；年终客户联谊会别忘了邀请客户一起热闹一番，等等。

知识三 客户管理工具

客户建档管理过程中会用到很多软件、工具,如图 4-32～图 4-36 所示。

维修类别分析(以优企为主)														
	入厂有效台次								入厂无效台次					
车型	二保	钣金喷漆	定期保养	事故	小修	首保	大修	索赔	年审	装潢	内部维修	领料	PDI	返修	免费检查	抢修
总台次	12	4	48	31	16	19	0	22	0	0	0	3	10	0	10	1
176	152								24						

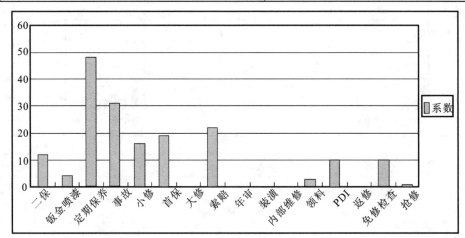

维修回访统计				新建客户资料统计	
应回访	实际回访	回访成功	回访成功率	日期	新增客户
112	158	130	82%	06.15—06.21	28
备注					
分析原因					

维修抱怨客户分析								
类别	专业水平	服务态度	维修质量	告知东风日产厂家回访	所花时间	是否说明	其他	满意度
反馈情况	基本满意	满意	基本满意	满意	满意	满意	8	94%
抱怨客户明细								
发生日期	车主	车型	车牌	业务员	抱怨内容	作业班组	处理结果	
用户满意总结明细								
发生日期	车主	车型	车牌	业务员	抱怨内容	作业班组	处理结果	
表扬用户明细								
发生日期	车主	车型	车牌	业务员	表扬内容	作业班组	处理结果	

图 4-32

售出车型分析									
车型	车型1	车型2	车型3	车型4	车型5	车型6	车型7	车型8	其他	总计
06.15—06.21(来店客户)	17	9	16	5	25	6	1	2		81
06.15—06.21(订单)	2	5	3	9	3	9	2	0	0	33
06.15—06.21(交车)	1	5	4	12	1	3	4	0	0	30

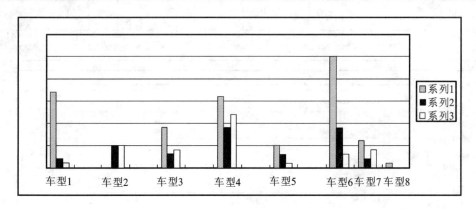

销售回访统计分析			
应回访	实际回访	回访成功	成功率
25	22	18	82%
分析			
备注			
销售抱怨客户分析								
类别	业务员售车前后态度	是否进行3DC回访	解释用户手册	解释车辆使用	解释车辆保养	其他	介绍服务顾问	财务人员的服务	满意度
反馈情况	满意	基本满意	满意	满意	满意	3	基本满意	基本满意	83%
抱怨客户明细							
发生日期	车主	车型	车牌	业务员	抱怨内容	作业班组	处理结果
用户满意总结明细							
发生日期	车主	车型	车牌	业务员	抱怨内容	作业班组	处理结果
表扬用户明细							
发生日期	车主	车型	车牌	业务员	表扬内容	作业班组	处理结果

图 4-33

保有客户推介意向表

销售顾问：

保有客户姓名	电话	回访时间	被推介人姓名	关系	电话	联络时间	回访内容	级别（HAB）	审核签字
		月日				月日			
		月日				月日			
		月日				月日			
		月日				月日			
		月日				月日			
		月日				月日			
		月日				月日			
		月日				月日			
		月日				月日			

图 4-34

_____部门礼仪规范检核表（____月）

序号	项目	说明	检查点	是否执行（√、×）	改善对策	改善时间	责任人
1	仪表	着装	根据公司规定穿着统一的工作服				
			女士必须着深色皮鞋，不可穿拖鞋				
			男士必须打领带				
2	接待礼仪	站姿	身体直立，双臂自然下垂或胸前交叉				
		坐姿	入座后腰板要挺拔，不可斜靠在桌椅上				
		奉茶	双手奉茶标准				
3	电话礼仪	接电话	接电话时先向对方问好，再自报家门				
		挂电话	通话结束时应等对方挂机后再挂电话				
4	咨询礼仪	引导客户上车参观时	主动为客户开关车门				
			引导客户上车参观时，用右手护住车门框上方				
5	交车礼仪	送别	主动为客户开关车门				
			将客户送出专营店门口道别				

检核人：　　　　　　　　　　　　　　总经理：　　　　　　　　　　　　　　检核日期：

图 4-35

_____部六交车检核表(____月)

步骤	项目	检查点	检查依据	达成(√或×)	改善对策
交车时间承诺与管理	1.正确估算交车时间后承诺	实际交车时间与承诺时的是否一致	1.对照实际交车时间与合同交车承诺时间 2.重新约定交车时间的记录		
	2.提前同客户预约交车时间	提前同客户预约好交车日期和具体时间	使用预约交车时间的话术		
交车前准备	3.书面交车流程	专营店使用书面交车流程管理交车	交车流程表为标准格式		
	4.准备交车区	专营店指定一个合适的交车区域	实际使用的交车区		
	5.新车车况/整洁（干净、无凹陷、划痕等）	在客户到来之前,做好新车准备、洗车及精品安装工作	使用新车准备、洗车、精品安装作业管理规定文件 规定中包含新车准备及洗车操作的流程、地点、执行人、内容		
实际交车	6.解释用户手册及售后服务	有说明用户手册/售后服务的规范文件	使用交车时介绍用户手册/售后服务的说明话术		
	7.解说车辆功能操作	有车辆功能/操作解说的规范文件	使用解说车辆功能/操作的话术		
	8.介绍服务代表	1.有确保服务人员交车时在场的管理制定 *有高峰期服务人员忙时的应对办法 2.制订交车时介绍服务人员的动作	1.使用服务人员《交车预约表》 2.交车时介绍服务人员使用动作与话术		
		达成项目数			
		达成率%(=达成项目数÷8×100%)			

图 4-36

 知识拓展

海马福仕达、海马王子冬季服务活动。

1. 活动主题

活动主题如图 4-37 所示。

2. 活动目的

(1)行车安全目的——临近春节,用户用车出行较多,通过服务活动将车辆吸引回站进行健康检查,同时宣传爱车、养车常识,让用户更好地了解车辆,安全行车。

图 4-37

(2)促进销售目的——借助服务活动,召集新老用户进站,借助老用户对品牌的认可,推动年底新车销售。

(3)满意度提升目的——通过服务活动维系忠实用户,化解用户抱怨,实现满意度提升的目的。

(4)提升产值目的——通过活动提高进站率,从而提升服务站产值。

3. 活动项目

(1)全车 11 项免费健康检查。

(2)维修工时费 8 折优惠(注:事故车不享受该项优惠)。

(3)海马郑州纯正用品优惠促销。

(4)赠送原厂机油滤清器和空气滤清器各一个,数量有限先到先得。

4. 活动话术

XXX用户你好!这里是海马汽车抚顺服务站。为了回馈广大用户,我们这里正在举行海马汽车 2011 冬日温情·快乐迎新活动,由于您长期以来对我们海马汽车的支持,您在本月 31 日前来我维修站可享受:

(1)全车 11 项免费健康检查;

(2)海马郑州纯正用品优惠促销;

(3)进站参加活动即赠送原厂机油滤清器和空气滤清器各一个,数量有限先到先得,送完为止。

 项目小结

(1)维修接待流程:预约、接待、维修工作、质检、结账、交车、跟踪回访。

(2)接待维修作业作用:代表企业形象、影响企业受益、反映企业技术管理整体素质、沟通维修企业与车主之间的桥梁。

(3)提供客户满意的售后服务的方法也有三种:经常打电话、写信、亲自回访。

(4)售后跟踪服务流程:跟踪前的准备、实施跟踪、跟踪记录、跟踪月报、制定整改措施和预防措施。

综合测试

一、选择题

1. 在日益激烈的市场竞争环境下,企业仅靠产品的质量已经难以留住客户,(　　)成为企业竞争制胜的另一张王牌。
   A. 产品　　　　B. 服务　　　　C. 竞争　　　　D. 价格

2. 著名经济学的2∶8原理是指(　　)。
   A. 企业80%的销售额来自于20%的老顾客
   B. 企业有80%的新客户和20%的老客户
   C. 企业80%的员工为20%的老客户服务
   D. 企业80%的利润来自于20%的老顾客

3. 在客户满意度公式:C=b/a 中,b 代表的含义是(　　)。
   A. 客户满意度
   B. 客户对产品或服务所感知的实际体验
   C. 客户忠诚度
   D. 客户对产品或服务的期望值

4. (　　)是指客户对某一特定产品或服务产生了好感,形成了偏好,进而重复购买的一种趋向。
   A. 客户满意度　　　　　　　　B. 客户价值
   C. 客户忠诚度　　　　　　　　D. 客户利润率

5. 客户忠诚度是建立在(　　)基础之上的,因此提供高品质的产品、无可挑剔的基本服务,增加客户关怀是必不可少的。
   A. 客户的盈利率　　　　　　　B. 客户的忠诚度
   C. 客户的满意度　　　　　　　D. 客户价值

6. 关系营销认为产品的价值既包括实体价值,又包括(　　)。
   A. 产品的包装　　　　　　　　B. 附在实体产品之上的服务
   C. 附产品的广告价值　　　　　D. 产品的使用价值

7. 下面哪个选项不是实施个性化服务所必需的条件?(　　)
   A. 拥有完善的基本服务　　　　B. 良好的品牌形象
   C. 良好的企业盈利率　　　　　D. 完善的数据库系统

8. 对于企业来说,达到(　　)是基本任务,否则产品卖不出去,而这是参与竞争取胜的保证。
   A. 客户忠诚,客户满意　　　　B. 客户价值,客户忠诚
   C. 客户满意,客户价值　　　　D. 客户满意,客户忠诚

9. (　　)不能作为客户不满意调查的信息获取渠道。
   A. 现有客户　　　　　　　　　B. 潜在客户
   C. 已失去客户　　　　　　　　D. 竞争者客户

10.一个完整的客户关系管理系统应不具有以下哪个特征:(　　)。
　　A.开发性　　　　　　　　B.综合性
　　C.集成性　　　　　　　　D.智能性

二、判断题
1.只有大企业才需要实施客户关系管理。(　　)
2.实施客户关系管理就是要购买一个CRM软件,并且在企业全面使用。(　　)
3.消费者是分层次的,不同层次的客户需要企业采取不同的客户策略,而客户可看成一个整体,并不需要进行严格区分。(　　)
4.忠诚的客户来源于满意的客户,满意的客户一定是忠诚的客户。(　　)
5.向顾客传送超凡的价值无疑可以带来经营上的成功,因此只要实现"所有客户100%的满意"就一定能为企业带来利润。(　　)
6.维持老顾客的成本大大高于吸引新顾客的成本。(　　)
7."数据库营销"这个概念最早是从产业市场营销领域中的"直复营销"和"关系营销"这两个观念发展而来的。(　　)
8.数据挖掘(Data Mining)是从大量的、不完全的、有噪声的、模糊的、随机的实际应用数据中提取人们感兴趣的知识,这些知识是隐含的、事先未知的、潜在有用的信息。(　　)
9.一个成功的客户交互中心应该是一个多渠道的客户信息交互枢纽。(　　)
10.企业核心竞争力是企业的一般竞争力如产品竞争力、营销竞争力、研发竞争力等的统称。(　　)

三、名词解释
客户关系管理　　企业流程重组　　企业核心竞争力　　关系营销

四、简答题
1.什么叫客户忠诚度?什么叫顾客满意度?两者之间的关系如何?

2.什么是客户细分?在实施客户关系管理时,客户细分的目的是什么?

3.什么叫客户价值?它具体包括哪些内容?